팔리는 컨셉 만들기

성과 중심의
컨셉을 개발하고
실천하는 방법

팔리는
컨셉 만들기

Concept
Development

| 정영복 지음 |

Hantz

목차

Part III 컨셉개발과 정착의 필요충분조건

컨셉은 전략이다

전략의 기본 목적은 이기는 것이다. 이기기 위해서는 경쟁상황을 정확히 이해해야 한다. 경쟁의 원천은 누구인가? 고객이다. 따라서 고객의 요구사항을 얼마나 잘 파악하고 또 적합한 제품 및 서비스를 얼마나 잘 제공하느냐 하는 것이 경쟁의 핵심이 되는 것이다. 나아가 경쟁사보다 더 많은 우위를 제공할 수 있다면 더욱 많은 시장점유와 이익을 획득할 수 있다.

그러면 전략을 실행하는 방향과 경쟁의 본질을 함축적으로 시장에 표현하고 있는 것은 무엇인가?

컨셉이다. 제품 및 서비스의 경쟁우위를 찾아내는 방법이 컨셉개발이고 이를 정확히 표현하는 것을 컨셉이라 한다. 목표고객의 욕구(Needs)를 정확히 파악하고, 제품의 특징을 확인한 다음 컨셉을 정립한다. 컨셉의 개발은, 현재의 제품 및 서비스의 특징과 고객의 실제 구매요인의 차이를 확인하고 이를 보완할 수 있는 속성을 파악하여 가능한 한 쉽게 이해할 수 있도록 함축적인 내용(단어나 문장)을 만드는 활동을 말한다.

컨셉디자인에서 가장 중요한 것은 컨셉에 대한 내용을 정확히 이해하는 것이다. 컨셉을 나타내는 단어(개념)보다는 컨셉이 가지고 있는 본래의 뜻을 먼저 찾아야 올바른 컨셉을 창출할 수 있으며 실천·활용이 잘 되는 것이다. 이는 컨셉을 창출하는 요인을 심도 있게 나타내야 가능하다.

컨셉은 사물이나 서비스의 방향과 실체의 핵심적인 내용을 표현하는 내용이다. 그래서 컨셉이 잘 만들어지면 더욱 쉽게 일을 할 수 있다. 우리는 컨셉을 정확히 그리고 명확히 만들려고 노력을 한다. 그런데 컨셉이 잘 정립되었다고 해서 반드시 성공을 하는 것은 아니다. 실제 컨셉에 적합하도록 실천을 해야 하고 성과도 얻어야 한다.

컨셉개발의 목적은 여러 가지가 있겠지만 새로운 것을 창출하는 것과 기존의 내용을 변경하는 경우를 이야기할 수 있다. 컨셉개발을 위한 시야, 즉 생각의 범위를 확대하여 컨셉을 개발하면 더욱 쓸모 있고 실천이 가능한 것으로 만들 수 있다. 같은 빵집이라고 해도 베이커리샵(Bakery shop: 일반 빵집)과 델리샵(Deli shop: 맛있는 것을 파는 집)은 다른 말이다. 컨셉개발자의 생각에 따라 이 내용에서 다른 컨셉이 창출되는 것이다. 최근의 고객욕구와 트렌드의 변화를 보면 델리샵이 적합한 말이다. 따라서 이에 적합한 컨셉이 필요할 것이다. 즉, 제품의 특징보다는 더욱 맛있고 좋은 분위기를 제공하는 것이 고객욕구에 더 적합한 행동이 되고 있다.

그러나 새로운 것을 창출한다는 것은 매우 어렵다. 아이디어도 중요하지만 무엇보다도 이를 실천할 수 있는 것이어야 한다. 이것은 실천이 제대로 되어야 성공이 가능하다는 것을 말한다. 대표적인 예로 토지개발이나 건물건축(Land Development)같이 소요기간이 길고 또 투자금액이 많은 사업인 경우를 말한다. 우리나라의 컨셉개발자들은 빌딩이 나타내는 이미지만 정해서 점포만 만들어놓으면 본인의 역할은 완료되었다고 생각한다. 광고를 하고 분양을 하면 되니까. 그런데 그 후 계획된 컨셉대로 건물의 이미지가 존속될까?

일반적으로 건물의 이미지를 결정하는 것은 컨셉이 아니다. 이는 사업방향을 말하는 것인데, 우리는 컨셉이란 단어를 자주 사용한다. 여기서 단어의 뜻에 대한 명확한 이해가 필요하다. 하지만 더 중요한 것은 파는 것이 아니고 쓸모 있게 만드는 것이다.

특히 사무실보다 상업건물인 경우 해당건물이 완성된 후 건물을 실제 컨셉대로 관리하고 유지시킬 수 있는 책임자는 누구인가? 이는 건물건축 시행자일 것이다. 그런데 그냥 전부 팔아버린 후 실제 결과가 달라지면 누구의 책임인가? 현재 이런 경우가 종종 발생하고 있는데, 분양받은 사람과 임대자가 원래 컨셉대로 경영할 능력을 갖추었는지에 대해서는 검증할 수가 없다. 이들의 경영능력이 부족하다면 찾아오는 고객의 횟수가 줄고 건물의 가치가 하락하는 경우도 발생하는 것이다. 사전기획 시 충분한 검토와 책임이 필요하다. 패션이나 광고사업 등도 새로운 것을 창출하는 것이지만, 이것은 컨셉이 결정되면 바로 실천을 하여 성과를 측정하는 것이라서 토지개발사업과는 다른 특징을 나타내고 있다.

기획·컨셉·실천이 잘 이루어진 일본의 개발사례로는 2003년 건설된 롯본기힐스를 들 수 있다. 지금까지도 이곳의 고객입장 수, 매출액 등이 유지되는 것을 보면 알 수 있다.

록본기힐스의 매출추세

구분	2003년	2004년	2005년	2006년	비고
연간 방문객(천 명)	45,000	44,000	44,000	43,000	
일일 방문객(명)	100,000	110,000	110,000	110,000	평일
일일 방문객(명)	150,000	140,000	140,000	130,000	주말
매출액(100만 엔)	46,000	42,000	43,000	44,000	소매
사무실 점유율(%)	90	100	100	100	
호텔룸 점유율(%)	90.9	94.5	92.3	89.9	그랜드하얏트

(자료원: Area Management 세미나, 록본기힐스 추진본부, 2007. 11)

시간이 지나도 고객 수에 변화가 없는 것은 기획이 잘 되었으며 매년 현장관리도 잘 된 결과가 아닌가 생각된다.

또 영업사원의 경우 영업현장에서는 경쟁의 심화, 고객의 라이프스타일과 구매선호도의 변화가 빨라지고 있어 영업정책의 재수립과 영업사원들의 역할 재정립을 필요로 하고 있다. 이제는 점포에 제품을 갖다주는 배달사원이 아닌, 판매를 증진시키는 사원이 필요한 것이다. 그래서 교육도 시키고 매뉴얼도 다시 바꾸고 보고서 내용도 수정을 하며 여러 가지 노력을 시도한다. 그런데 계획한 대로 영업사원은 얼마나 바뀌었을까? 일반적으로 1년은 계획대로 하려고 하는데 그 이후에는 다시원래 하던 대로 되돌아오는 경우가 대부분이다. 왜 그럴까? 무엇이 문제인가?

그것을 해결하려면 사람을 전부 바꿔야 하는지도 모른다. 여하튼 과거의 상황 그대로 실행이 되므로 영업활동의 생산성 향상과 효율성 증대는 이루어지지 않는 것이다. 그리고 영업활동비가 증가하면 제품가격이 오르고 점포에는 특판제품 재고만 잔뜩 쌓여 가격할인만 하게 된다. 중요한 것은 정해진 컨셉을 정확히 수행하는 능력과 부족한 제도(시스템)를 개선하는 것이다.

컨셉담당자가 개발한 컨셉이 성공적으로 이루어지고 있는가? 만약 그렇지 않다면 몇 가지 이유가 있을 것이다. 분야별로 여러 가지 차이는 있겠지만 일반적으로 첫째는 컨셉 자체가 잘못 만들어진 경우다. 둘째는 컨셉은 잘 만들어졌는데 실천하기가 어려운 경우다. 그리고 셋째는 실천을 잘못하는 경우다. 본서에서는 컨셉대로 성공하기 위한 요건을 몇 가지 검토해볼 것이다.

컨셉 자체가 잘못 만들어진 경우에는 전체적으로 다시 검토해야 하고, 실천하기 어려운 경우에는 컨셉개발 방법을 다시 검토해야 할 것이다. 그리고 실천을 잘못하는 경우에는 기존의 사업이나 방법을 새롭게 재정의하여 컨셉을 개발·실천해야 한다.

패러다임이 변하면서 최근에 가장 중요시되는 것은 사업방법과 담당자들의 변화다. 특히 담당자의 경우 변화 대상자가 매우 많다. 예를 들어 영업사원의 경우 영업환경이 많이 변해서 사고와 행동을 바꾸라고 많은 전문가들이 말하고 있다. 그런데 그것이 잘 안 되고 있다. 또 공무원이 변해야 한다는 이야기도 수시로 거론되고 있다. 어느 국립공원의 근무자는 고객에게 좀더 친근감을 주기 위해 미국의 카우보이 식으로 새로운 복장을 착용했는데 말투와 생각은 바뀐 것이 없다. 이런 경우에는 옷값이 아까운 것이다.

위의 내용을 다시 간추려보면 첫째는 컨셉개발 시 산업의 변화, 해당업종의 새로운 기회 등을 면밀히 검토해 보다 더 확대된 시야를 통해서 해당업종의 컨셉을 개발하자는 것이고, 둘째는 실행자가 제대로 실천할 수 있는 컨셉을 개발하여 컨셉의 결과에서 나타날 수 있는 피해를 줄여보자는 것이다. 셋째는 개발된 컨셉을 제대로 실천할 수 있도록 컨셉뿐만 아니라 실천내용까지 제시해 더욱 성과를 높이자는 것이다.

이 책에서는 우선 사례를 통해 컨셉이 제대로 실천되어 성공하는 경우와 실제 실천이 어려워 정착이 안 되는 경우를 확인하고 컨셉이란 단어에 대한 올바른 이해, 컨셉개발 사례를 통한 실천방법 연구 그리고 컨셉개발을 통해 시야를 높이는 내용과 활용방법을 이야기하고자 한다.

Part I에서는 실제 컨셉은 잘 수립할 수 있으나 실제 실행이 어려운 경우가 많은데 이를 살펴보고자 한다. 컨셉수립 시 일시적으로 표현하는 컨셉이 아닌 실제 현장에서 활용될 수 있는 컨셉이 필요한 경우를 알아보고자 한다. 최근에 개장한 도쿄 미드타운과 기업에서 가장 중요한 역할을 하는 영업사원, 이 두 가지 사례는 실제로 의지력을 가지고 컨셉을 정확히 성공시킨 결과를 보여준다. 또 하나는 역할변화에 대한 새롭고 정확한 컨셉을 정립해도 실천이 어려워 정착이 안 되는 사례를 통해, 실천자의 노력 부족으로 컨셉개발의 목적대로 성과가 달성되지 않더라도 컨셉개발자의 역할을 다시 한 번 재검토해보자는 내용을 다루고 있다. 그 역할 재검토를 위해 담당자들이 이제는 필수적으로 알아야 할 내용과 전체적으로 보는 눈을 높이자는 이야기도 하고 있다.

Part II에서는 컨셉이 무엇인지를 다시 한 번 확인해보고 눈높이를 높이기 위해 무엇을 더 깊이 있게 생각하고 무엇을 더 확인해야 하는지에 대한 내용을 다루고 있다. 또 컨셉개발의 유형을 사례와 함께 제시하여 컨셉개발을 위한 다른 시각도 보여주고 있다. 그러나 컨셉개발을 위한 여러 기법 등에 관해서는 이미 다른 책들에 많이 나와 있으므로 여기에서는 생략하였다.

Part Ⅲ에서는 컨셉을 개발자 의도대로 정착시키기 위해, 개발 시 컨셉담당자가 검토해야 할 사항과 해당 검토내용을 중심으로 실제 컨셉을 수립하는 방법에 대한 사례를 다루고 있다. 그리고 마지막으로 여러 가지 컨셉을 개발하는 유형이 업무별로 다를 수가 있으므로 전문분야 중 몇 가지 실례를 이야기하면서 컨셉개발 과정을 살펴보았다.

끝으로 이 책의 발간에 노력과 지원을 해주신 한스컨텐츠의 최준석 사장님께 감사를 드린다.

Part I

컨셉 이야기

01 : 일반적인 이야기
—주요회사 컨셉실천

컨셉에서 중요한 건 실천

실제 결과에서도 컨셉대로 성과가 있는가? 또는 컨셉대로 성과를 나타낼 수 있도록 노력을 하였는가? 여하튼 결과만 명확히 나타나면 되는 것 아닌가? 등 컨셉의 성과에 대해 여러 가지 의견들이 있다. 성과를 측정하는 잣대는 무엇인가? 건물을 지어 분양이 잘 되면 수익이 발생하니 당연히 분양자는 좋을 것이다. 그러나 그 건물을 분양받은 사람들이 임대수익을 목적으로 하였는데 임대가 안 되면 실제 성과가 있는 컨셉인가? 만약 임차자가 들어왔는데 실제 구매고객이 오지 않는다면 어떻게 되는가? 사업자의 잘못인가? 그럴 수도 있다. 그러나 이제는 구호를 위한 컨셉이 아닌 실제 성과를 나타낼 수 있는 컨셉개발이 중요하다.

여기서는 컨셉의 정확한 정립과 어려운 이야기지만 실제 계획된 컨셉대로 실천을 해서 좀더 확실한 성과를 달성할 수 있는 방법을 검토해 볼 것이다.

패션건물이나 귀금속빌딩 같은 것은 사업방법이다. 여기서 컨셉은 '해당건물의 특징을 무엇으로 하는가'를 말하는 것이다. 즉, 고객에게 필요한 건물 이미지나 더욱 유용한 제품구성을 통해 고객이 찾아오도록 만들면서 수익을 가장 빨리 낼 수 있는 내용 등을 말한다. 이것이 컨셉이다.

패션건물? 어떤 제품이 있는가? 그것은 성인용·아동용·신세대용 등의 연령별과 가방·신발·옷 등의 상품종류로 구별된다. 어느 패션건물에 가도 건물이 나타내는 이미지는 같다. 당연히 같을 수 있다. 그런데 중요한 것은 상품과 서비스도 같다면 입점한 점포들이 사업이 되겠는가? 고객들은 식상하여 해당건물을 찾아갈 이유가 없어지는 것이다. 강남역, 신촌, 동대문 등 해당 유사개념의 건물들에 있는 상점의 채산성은 떨어지고 이제는 경매에 부쳐진 상점도 점점 늘어나고 있는 실정이다. 강남 청담동에 있는 건물은 아예 다른 업종으로 바뀌었으며 강남역 부근에 있는 건물은 아직도 업종을 찾지 못해 비어 있다. 고객이 안오고 장사가 안 되어 나타난 결과다. 건물분양자는 패션빌딩이란 구호를 내세워 분양을 하면 그만이다. 분양받은 사람들은 어떤 사람들인가? 패션에 대해 얼마나 알고 있는가? 그리고 임대를 받은 사람들은 패션비즈니스에 대해 얼마나 전문가일까? 이들이 전문가가 아니라면 이를 지원할 제도나 조직이 준비되어야 한다.

건물 이미지만 듣기 좋은 소리로 만들지 말고 실제 필요한 컨셉(상품, 서비스 등)을 정립해야 한다. 해당건물이 지속적으로 해당 이미지를 유지하도록 해야 한다. 이것이 컨셉개발자가 해야 할 일이다.

컨셉은 분명히 사업방향과 내용을 명확히 나타낸 것이다. 컨셉개발자는 해당건물이 실제 컨셉과 같도록 정착을 시켜야 한다. 그래야 실제 컨셉과 동일한 건물로 정착이 되어 분양받은 사람들이나 임대사업자들에게 적정한 소득을 갖게 한다. 따라서 해당건물의 조기쇠퇴를 막을 수 있다. 동대문 패션건물지역에 가면 프레야라는 패션빌딩이 있다. 분양한 사람은 돈을 많이 벌었지만 그 건물은 점포상품의 질과 수익수준이 매우 낮은 편이라 이제 건물의 가치는 하락하고 활성화되기는 어려운 상황이다. 새로운 이미지가 아닌 새로운 컨셉이 정말 필요한 건물이다.

컨셉은 실천 또는 활용이 되어야 진정한 컨셉이 된다. 그렇다면 실천이 잘 되어 성과를 얻을 수 있는 컨셉은 무엇인가?

음식점건물(종합고급음식타운)로 분양을 한다면 어떤 음식이 구성되어야 하고 맛의 수준은 어느 정도여야 하며 제공되는 서비스 수준은 어느 정도 되어야 하는가? 분양할 때 임대자도 같이 소개하여 확실히 사업이 되고 해당 임대료를 받을 수 있는 확신을 갖도록 해야 한다. 그렇다면 누가 맛있고 서비스가 좋은 음식점을 유치해야 할까? 임대받은 자가 해야 하는가?

분양받은 자와 임대자는 다를 수 있고 음식사업을 모를 수도 있다. 알더라도 일반 프랜차이즈 정도의 경험을 가지고 있을 수 있다. 이런 상황에서 2~3년만 지나면 고객이 원하는 음식점이 아닌 자기가 할 수 있는 음식점으로 변하여 고객에게 혼란만 초래하게 된다. 그러면 고객은 다시 오지 않는다. 따라서 건물은 엉망이 될 것이다. 이 경우 전문음식점건물로 정착이 된 것인가? 건물의 가치는 하락하여 실제 투자비를 확보할 수도 없게 될 것이다. 따라서 분양자나 분양받은 자는 전국을 돌며 맛있고 유명한 음식점을 찾아가 해당건물에 유치한다면 전국에서 맛있는 음식점건물로 소문이 날 것이다. 또한 고객들은 여러 종류의 다양한 맛과 깊이 등에 만족해 자주 찾고 동료나 친구들에게도 입소문을 낼 것이다. 이것이 진정한 음식점건물이 아닌가? 현재 활성화가 되어 있지 않은 건물도 제대로 된 컨셉을 갖추고 실천을 한다면 활성화가 그리 어렵지는 않을 것이다.

2007년 중반에, 준공한 지 1년이 되지 않은 건물의 활성화를 부탁받은 경우가 있었다. 건물도 잘 지었고 위치도 좋은 곳이었다. 그때 건물주와 분양자는 한창 유행하는 컨셉으로 분양을 시도하였다. 전체분양은 안 되었지만 해당컨셉으로 건물을 개장하였다. 그 결과, 몇 개월이 지난 후 점포임대자는 사업이 안 되어 빠져나갔다. 그리고 건물주는 건물투자비에 대한 이자를 계속 지급해야 하니 답답한 노릇이었다. 대학교수나 컨설팅회사 등을 통해 건물의 컨셉수립에 대한 용역을 몇 차례 의뢰하였더니 그 당시 인기 있는 내용으로 컨셉(이미지)을 결정하여 시행한 것이라고 했다.

이것으로는 차별적 우위를 컨셉·운영 등에서 확인하기가 어려웠다. 그 후 여러 가지 검토를 해보고 새로운 컨셉을 정립하여 시도를 해보았지만 해당건물의 가치에 거품이 있어 추가출자의 어려움으로 결국은 실패로 돌아갔다. 이는 컨셉이 아닌 컨셉으로 정립이 되어 실패한 대표적인 사례가 될 수 있다.

실패하지 않으려면 어떻게 해야 할까? 아래는 유명회사들이 실제 컨셉을 실천하는 내용을 정리해보았다. 그냥 내거는 슬로건이 아니라 실제로 고객이 느낄 수 있도록 노력하고, 해당컨셉을 정확히 전달하여 고객을 늘리고 있다.

주요회사 컨셉실천(예)

	제록스	스칸디아항공	UPS
컨셉	고객만족 극대화	고객과 만나는 짧은 시간에 고객을 만족시켜라	안전하고 정확한 시간에 배달
실천	· 24시간 서비스체제 · 고객을 만족시키는 방법: 일대일 대화 · 엔지니어와 고객이 만난다. 그리고 한 기계에 대해 한 사람의 엔지니어 점검. 수리 불가능 시 교체 · 제록스 식 내부 벤치마킹: 고객만족 사례를 통한 벤치마킹 행사를 실행한다. · 필요 시: 직원 상주근무 · 비디오로 교육: 직원이 직접 시연한다	· 고객이 원하는 바를 정확히 파악하는 것은 돈의 배분에 더욱 중요하다 · 표 구입: 출발시간은 가능한 한 고객 개개인이 선택 가능. 되도록 안 갈아타고 빨리 가는 것이다 · 시작: 항공권 구매 순간부터 시작된다 · 식사: 기내에서 먹을 수 있는 것을 가지고 갈 수 있게 한다 · 혜택: 골드회원에게 테마여행 무료제공, 콘서트나 문화행사 티켓제공 · 결과: 고객 1인당 최고로 돈을 많이 번다	· 소포화물의 현재 위치를 파악할 수 있다 · 포장기법을 고객에게 시연 · 시간지연 시: 운임환불제 · 소포손실 발생 시: 100달러 이하 즉시 변상 · 고객최접점에서 근무해본 사람이 주요 담당구역을 맡는다 · 배달사원을 배달자가 아닌 서비스제공자라고 한다

※UPS 슬로건: 소비자행동 - 한 사람이 주변의 다섯 사람에게 자랑한다
　　　　　　불만고객은 10명에게 말한다
　　　　　　13% 불만고객은 20명에게 말한다
　　　　　　불만고객을 만족시켰을 때 절대고객이 된다

주요 실천사항

　일반적으로 컨셉이 이미지적으로 작성되어 구호에 그치는 경우도 있고 실제로 실행팀에서는 준비가 되어 있지 않은데 개념적·미래적, 또는 시장지향적이라는 목표하에 컨셉이 정립되어 실천이 어려운 경우도 있다. 컨셉개발자는 현실적인 컨셉정립을 위해 노력을 해야 한다. 위의 3개 회사들도 실제 실행이 준비된 상태에서 컨셉을 정립해 성공한 사례를 기재한 것이다. 얼마 전에 자동차보험회사가 다 해결을 해준다는 광고를 했다가 실행팀이 이를 준비하느라 어려움을 겪은 적도 있었다.

　• 제록스: 고장수리의 신속성을 위해 일대일 수리시스템 구축.

- 스칸디아항공: 탑승시간을 고객이 선택, 항공권을 집에서 직접수령, 공항도착 시 바로 탑승.
- UPS: 배달사원은 배달자가 아니라 서비스제공자이다. 소포배송 상황 파악가능, 도착지연 시 벌과금제도 실시.

이와 같이 실제로 선정한 컨셉이 실천되어야 모든 사업이 성과를 거두고 장수기업이 되는 것이다. 그리고 컨셉의 기본 뜻이 활용되어 성과를 얻어야 실제 컨셉개발자의 역할을 하는 것이다.

02 : 두번째 이야기
-지역개발

여기서는 지역개발에 대한 사례를 설명하고 있다. 이미지가 아닌 해당컨셉을 정확히 정립하여 실천한 사례를 이야기하고자 한다. 따라서 개장 후 고객에게 외면받는 건물이 아닌 고객이 찾아오고 싶은 건물로 정착된 경우를 살펴볼 것이다.

일본의 지역개발 역사

일본의 지역개발 역사는 도쿄를 중심으로 활발히 전개되고 있으며 최근에 와서 대규모로 새로운 컨셉으로 개발이 되어 활성화되었다. 그 지역을 살펴보면, 2002년에는 도쿄역 앞 마루노우치빌딩의 재개발이 시작되어 2003년에는 록본기 언덕에 세워진 새로운 건물인 록본기힐스가 개발되어 새로운 명소로 자리를 잡았다. 이 지역은 도쿄 시내를 분석한 후 문화지역이 필요하다는 결론을 내리고 기획·재개발이 되어 2000년대 도쿄의 대표적 문화지대로 탈바꿈한, 일본식으로 꾸며진 재개발지역이다. 54층짜리 모리타워 꼭대기 2개 층에는 모리미술관이 들어서 있다. 가장 임대료가 비싼 최고층에 과감하게 미술관을 설치해 세계적인 화제가 되었고 덕분에 록본기힐스의 이름을 널리 알릴 수 있었다. 여기에 거리에 설치하는 공공시설물인 '스트리트 퍼니처(Street

록본기힐스의 모리타워와 주변 건물

Furniture)'를 세계적인 디자이너들에게 주문해서 명품디자인 벤치로 설치한 것도 세계 디자인계의 일대 이슈가 되었다. 물론 철저하게 록본기힐스에만 있는 상점과 상품을 내세워 차별화된 쇼핑공간을 지향한 점도 주효했다. 이런 전략으로 록본기힐스는 지금도 하루 몇 만 명이 찾는 관광객들의 명소가 되었다.

그 이후 2006년에 오모테산도힐스 건물이 지어졌으며 2007년 3월 말에는 옛 방위청지역을 개발하여 록본기에 도쿄 미드타운이 생긴 것이다. 그리고 1개월 후 도쿄역 앞에 신마루노우치빌딩이 탄생했다. 이들의 지역개발이나 건물의 특징은 많은 노력으로 컨셉을 개발하고 이에 적합한 상품과 서비스를 개발·유치하여 고객들의 발길이 끊이지 않도록 한다는 것이다.

좌우는 신마루노우치빌딩 내부임

도쿄역은 주로 일본의 금융과 경제의 중심지로 사무실이 밀집해 있는 곳이었다. 하지만 요즘은 유명 브랜드샵이나 레스토랑 등이 생기면서 복합지역으로 변해가고 있다. 도쿄역에서 보면 비슷한 생김새를 한 건물이 두 개 있는데 왼쪽이 2002년에 지어진 마루노우치빌딩이고 오른쪽이 2007년 4월에 개장한 신마루노우치빌딩이다.

신마루노우치빌딩은 원스톱쇼핑 기능을 겸한 오피스빌딩으로 지하

4층 지상 38층의 초고층건물 내에 지하 1층부터 7층까지를 쇼핑몰로 배치했다. 총 153개의 매장이 있으며 지하 1~4층은 쇼핑을 중심테마로, 5~7층은 레스토랑을 중심으로 구성했다.

특징적인 매장으로 3층에는 뷰티와 관련한 12개의 샵을 모은 '마루노우치 보테'가 있다. 이곳은 헤어 및 메이크업은 물론 바디케어와 네일케어, 에스테틱 전문서비스를 제공하는 공간이다. 7층은 마루노우치 하우스라고 해서 8개의 레스토랑이 모여 있다.

상점가에는 다양한 모습과 특징을 가진 점포들이 입주해 있는데 각각의 개성을 갖추고 고객을 유인하고 있다.

점포 몇 가지를 살펴보면 아래 사진의 1번 점포에는 근로자나 공장 근무자들에게 필요한 상품만 모아놓았으며, 2번에는 젓가락만 전문으로 파는 점포가 있는데 숟가락과 젓가락 받침을 예쁜 것으로 다양하게 비치해놓고 있다. 3번 점포는 벽이 창살로 되어 있는데 창살 사이로 요리사가 음식 만드는 장면을 직접 볼 수 있다.

이들 재개발타운들은 저마다 다른 개성을 앞세우며 도쿄의 새로운 브랜드 아이콘으로 자리 잡았다.

신마루노우치빌딩의 주요상점들

이처럼 많은 지역이 개발되고 새로운 건물이 들어서고 있으며 각 지역마다 많은 사람이 방문을 하고 있다. 그 비결은 컨셉을 정확히 정립했고 컨셉대로 하드웨어와 소프트웨어가 제대로 꾸며져 있기 때문이다.

도쿄 미드타운

개요

대지면적 약 10만 2,000m²에 건축면적 약 6만 9,000m²를 자랑하는 도쿄 미드타운은 '도심생활의 고급스러운 일상'을 컨셉으로 광대한 녹지와 쇼핑(갤러리와 백화점)과 아트(산토리미술관), 호텔(리츠칼튼), 주거(파크 레지던스) 등으로 구성된 21세기형 복합쇼핑몰로 되어 있다.

가장 중심부에 자리 잡은 미드타운타워는 도쿄에서 가장 높은 빌딩으로 높이가 248m이다. 대부분 오피스로 사용되며, 45~53층까지 리츠칼튼호텔, 6층에는 존스홉킨스 메디슨인터내셔널과 제휴한 종합클리닉센터인 메디컬센터, 5층에는 도쿄 미드타운을 디자인 중심지로 만들고자 하는 노력의 일환으로 디자인허브가 위치하고 있다. 미드타운 이스트와 웨스트는 오피스를 중심으로 일부 상업시설이 구성되어 있으며, 가든테라스와 갤러리아에는 상업시설이 집적되어 있고, 산토리미술관이 있다.

리츠칼튼 직영의 임대주택으로 파크 레지던스 리츠칼튼도쿄빌딩도 특징적이다.

- 개점일: 2007년 3월 30일.

- 면적: 3만 900평(10만 2,000m²).

- 목표: 연간 매출목표는 2,400억 엔, 연간 방문자 예상은 3,000만 명이며, 오피스 임대수입은 연간 200억 엔 초과 예상.

  2007년 3월에 개장하여 8월 현재 매월 300만 명 이상이 방문을 하는 명소가 되었다. 목표인 3,000만 명이 다녀가는 것은 무난히 달성할 것으로 예측하고 있다.

도쿄 미드타운

기본방향

록본기힐스와 같은 지역에 세워진 도쿄타운도 문화지역으로 기획이 되어 록본기힐스의 모리타워와 달리 서구식 스타일로 꾸며진 재개발지역이다.

기본컨셉

- 기본컨셉: '도시의 고급스런 일상' - 일하고, 거주하고, 놀고, 쉬는 것이 고급스럽게 조화를 이룬 지역. 365일 활기 넘치게 활동하며 교류가 이루어지는 마을 만들기.

- 이미지: '편안하고 문화적인 곳.'
- 키워드: 그린-최고의 차별성과 매력은 전체 부지의 40%를 차지하는 개방공간인 녹지대이다.

  정면: 거대한 빌딩숲, 후면: 탁 트이고 아름다운 녹지공간.
- 주요전략: 문화컨셉으로 차별화.

개발 기본방향

- 재개발 기본방향: 대단위 복합공간 + 문화시설 결합.
- 조닝(Zoning): 오피스영역, 쇼핑영역, 주거, 호텔, 디자인·아트영역.

구분	오피스	쇼핑	레지던스	호텔	기타
미드타워	지상 1~43층			45~53층	4층: 컨퍼런스 5층: 디자인허브 6층: 메디컬센터
타운 이스트	1~11층		12~24층		
타운 웨스트	4~13층	지하 1층~지상 3층			
가든테라스		지하 3층~지상 4층	5~8층		산토리미술관
파크 레지던스	1~29층				

＊미드타워: 높이 248m로 도쿄에서 가장 높은 빌딩
＊타운 이스트: 임대주택-116호
＊가든테라스: 오크우드 프레미어 도쿄 미드타워, 백화점-점포 130개
＊파크 레지던스: 임대주택-244호(파크 레지던스 리츠칼튼 도쿄)
＊그리고 풍부한 녹지: 전체면적의 40%

- 특징: 우리나라의 경우에는 사업자가 건물을 분양한 후 건물컨셉이 흐려지거나 싸구려 건물로 전락하여 투자자가 피해를 보는 사례가 있는데, 일본의 경우에는 건물건축자가 직접 관리를 하여

건물의 기본컨셉을 유지하고 있다. 특히 이들의 경영방식은 분양이 아닌 임대를 하여 지속적인 관심과 관리를 통해 건물의 가치를 상승시키고 있다. 즉, 컨셉은 관리가 더욱 중요하다는 것을 우리는 알 수 있다. 깜짝 인기 중심의 컨셉개발이 아닌 보다 현실적이고 실천가능한 방향의 컨셉개발이 중요하다.

- 평가: 개관 이후 한 달 만에 방문객이 400만 명을 넘었다. 연간목표 3,000만 명은 쉽게 달성이 가능하여 일단 경제적으로는 성공적이라고 평가되고 있다.

  도쿄 미드타운 내 오피스빌딩의 임대료는 평균 약 35,000~45,000엔/평(3.3㎡)으로 주변의 단독오피스빌딩의 임대료에 비해 약 2배 정도 비쌈에도 불구하고 모두 만실 상태다.

- 실천: 이 지역의 컨셉키워드는 '그린'이다. 따라서 고객들이 자연을 느낄 수 있도록 전체면적의 40%를 잔디광장으로 하였다. 이곳에 입점하는 모든 점포도 이를 따라야 하므로 인테리어에서 나무를 사용하고 있다. 따라서 세븐일레븐의 경우도 자기 점포의 기본디자인을 채택하지 않고 별도의 점포디자인을 가지고 입점을 하였다. 실내는 거의 모든 부분이 목재를 기본으로 사용했으며 특히 휴식을 위한 의자의 경우도 모두 나무로 제작했다.

  또 기본컨셉인 도시의 고급스런 일상을 표현하기 위해 점포 내부를 마치 고급호텔에 온 것같이 고급화하였다. 고객들이 실제로 느낄 수 있도록 제품 및 음식구성을 일본에는 별로 없는 것들로 하였으며, 설사 있다 해도 새롭게 구성하였다. 또 외국에서 유명한 점포를 유치하여 고객에게 설렘과 고급스러움의 다른 면을 제공하고 있다. 점포 수는 130개이며 훌륭한 가게, 들어가기 힘든 가게, 이상한 가게 등으로 구성되어 있다.

- 컨셉공유: 고객에게 고급스러운 상황 제공-고객이 편안함을 느끼고 편히 쉴 수 있고, 지금보다 더 맛있는 곳과 보다 사치스럽고 고급스러우며 새로운 생활감각을 느낄 수 있고 근무장소나 숙소로 자부심을 느낄 수 있는 생활공간을 제공하고 있다.
- 건물활용: 여유롭고 풍요로운 생활 만끽-고급숙소시설 제공, 유명호텔과 고급백화점 입점, 고급사무환경 창출, 다양한 문화시설 유치, 주요 입주상점들의 고급화·개성화·독점적 제공으로 고객이 여유로운 생활을 즐길 수 있게 조성한다.

이렇게 볼 때 록본기힐스와 크게 달라 보이지 않는다. 상징이 되는 고층건물과 호텔·쇼핑몰·미술관·정원 등이 어우러진 '주상복합＋예술'의 트렌드를 그대로 가지고 있다. 그러나 더 자세히 살펴보면 미드타운이 칭찬받는 여러 가지 변화 및 차이를 발견할 수 있다.

위의 내용은 낙후지역을 재개발하여 올해 개점한 도쿄 록본기에 있는 미드타운의 개발전략에 대한 요약이다.

이 내용에서 보듯이 컨셉개발자는 토지개발 기획·건설·관리까지 철저한 실천을 통해 건물의 가치를 높이고 있다.

그 내용을 좀더 자세히 살펴보자. 그리고 컨셉개발과 실천의 과정을 확인해보자. 컨셉은 실천도 같이 따라야 성공을 완수하는 것이다.

도쿄타운 개발구상도(예)

기본컨셉	이미지	키워드	기본방향	조닝(Zoning)	토지활용
도시의 고급스런 일상 제공	편안하고 문화적인 곳	그린	복합공간+ 문화시설	오피스 쇼핑 디자인 아트	녹지공간: 전체 면적의 40% 유지

조닝(Zoning)별 테마

- 녹지공간: 도심 속의 여유를 제공하고 있다.
- 오피스: 직원들에게 자부심을 느끼게 한다.
- 주거지역: 모든 면에서 편리함을 우선으로 제공하고 있다.
- 호텔: 테마는 '웜 & 모던(Warm & Modern)'

하드웨어 부분

- 녹지공간: 도심 속의 여유를 제공하고 있다.

  전체 면적의 40%를 차지(시내 중심가에 넓은 땅을 녹지로 만들기란 그리 쉬운 일이 아니다. 그리고 건물 안에서 보면 넓은 녹지에 대한 느낌이 다르다).

잔디광장   잔디광장에 연출된 야간 조명장식

- 건물활용: 고급숙소 제공, 유명호텔과 고급백화점 입점, 고급사

무환경 창출, 다양한 문화 시설 유치, 주요 입주상점 들의 고급화·개성화· 독 점적 제공으로 고객이 편안 하고 여유로운 생활을 즐길 수 있게 조성.

- 오피스: 직원들에게 자부심을 느끼게 한다.

오피스는 임대면적 약 12만 3,000m²에 시스코시스템스, 굿윌그룹, 코나미 , 후지제록스, 후지필름이 들어 있다. 녹지가 보이는 좋은 분위기와 휴식 시 녹지이용, 유명하거나 특이한 레스토랑과 점포의 입점으로 원스톱쇼핑이 가능하다. 24시간 운영하는 슈퍼를 이용할 수 있고, 건물층고가 높고 유리 사용이 많아 쾌적한 근무공간을 조성하는 등 입주만으로도 직원들이 근무 하는 데 상당한 자부심을 느끼게 한다.

- 쇼핑공간: 최고급호텔 분위기와 색다르고 처음으로 제공하는 제품과 먹을 거리가 있다.

같은 백화점 갤러리아(약 130점포) 입구를 들어서면 일반쇼핑몰에서 느끼 는 분위기와 달리 고급호텔에 들어온 것같이 신선하고 아늑한 느낌을 준 다. 그리고 높이 25m의 4층 건물 대공간에 스타일리시한 아이템과 샵으로 일치가 된 패션관련 샵 35개, 인테리어 디자인샵 18개가 입점하였는데 우 리에게 알려진 유명명품은 없고 세계적 또는 일본에서 유명하거나 새로운 제품이 준비되어 있다(필리핀의 어느 쇼핑몰도 한 곳에 음식점을 개장하였는데 전국을 다니면서 맛있는 점포를 유치하여 고객에게 최상의 서비스를 제공한 경우도 있었다). 즉, 다른 곳에 가서 볼 수 없는 점포를 중심으로 꾸며놓은 것이다.

패션 에어리어는 총 132개 점포 중 40%의 비중을 차지하며, 같은 점포라도 미드타운 컨셉에 적합하게 이미지를 바꾸고(예를 들어 세븐일레븐, 스타벅스, 푸마샵 등) 세계적인 명품보다 유명하고 희귀성이 있는 제품을 선정하여 최고급의 셀렉트샵과 일본 첫 브랜드 직영점으로 패션성과 엔터테인먼트성을 강하게 어필했다.

그리고 개성적인 카페가 모여 있는 '플라자'는 천장이 유리로 되어 있다. 이를 통해 고객이 자연의 윤택함을 즐길 수 있도록 하여 바쁜 생활 속에서 편안함을 느낄 수 있도록 해준다. '가든'은 세계적으로 엄선된 레스토랑과 일본 전통음식점, 그리고 잔디광장과 산책코스를 갖추고 있어 도쿄 미드타운이 추구하는 '도심생활의 고급스러운 일상'을 최상의 미각과 아름다운 일본의 4계절을 보고 느낄 수 있도록 해준다. 백화점은 고객이 다시 오고 싶게 하고 가든과 플라자는 한번쯤 앉아서 쉬어갈 마음이 생기도록 분위기가 조성되어 있다.

- 주거지역: 모든 면에서 편리함을 우선으로 제공하고 있다.

오피스와 같이 있는 일반적인 타워맨션에서 느끼는 분위기와는 달리 실외는 초록의 미드타운 가든이나 벚꽃, 분수, 부지 내의 자연이나 나무와 대나무 등 자연친화적인 모습을 제공하고 있으며 실내에 들어서면 따뜻한 느낌을 받으면서 긴장이 풀릴 듯한 평온한 공간이 제공된다. 주거자를 위한 전용라운지, 출장요리서비스, 호텔과 같은 하우스키핑, 조깅코스, 회의실 피트니스센터, 지하철과 쇼핑몰로 통하는 직접연결통로, 24시간 손님응대서비스 등이 있다. 여러분도 한번 거주해보고 싶지 않은가? 주택은 모두 임대. 3가지 종류로 총 517호가 있으며 각각 다른 맛의 고급주택이 준비되어 있다. 주변의 단독오피스빌딩의 임대료보다 약 2배가 비싼데도 모두 만실이라고 한다. 쾌적한 주거환경·편리성·서비스 면에서 탁월한 지원을 하고 있다.

▶ 파크 레지던스: 리츠칼튼도쿄

도쿄의 별 5개짜리 호텔인 리츠칼튼호텔에서 운영하는 레지던스는 특급호텔의 서비스를 그대로 받을 수 있는데 하우스키핑, 도어서비스, 요리사의 출장요리서비스 등이다. 입주자 전용라운지가 따로 있어 식사·커피·술 등을 먹을 수 있으며 라운지나 피트니스센터도 같이 지원을 한다. 라운지의 배후에는 회의실과 컴퓨터 코너가 준비되어 자택에 일을 가지고 돌아가도 OK, 24시간 이용이 가능하다. 실내설비로는 샴푸·비누 등 소모품만 제외하고 쓰레기통·화장실 브러시·체중계 등 세세한 것까지 전부 비치되어 있다.

▶ 오크우드 프리미어 도쿄 미드타운

서비스 아파트먼트의 세계적인 기업인 오크우드 프리미어 도쿄 미드타운은 일본 최초, 미국 오크우드사의 중장기체재형 임대주택의 최고급 브랜드 '프리미어' 시리즈를 이용, 충실한 가구나 가전·키친용품을 갖춘 서비스를 하고 있다.

▶ 도쿄 미드타운 레지던스

일과 생활을 밀접하게 연결한 고기능형 고급임대주택. 도쿄 미드타운 레지던스는 편리함을 테마로 지하 1층에는 지하철이나 쇼핑몰로 직접 연결되고 홈오피스의 역할을 위해 대여회의실, 독실라운지, 프런트서비스 외에 24시간 손님 대응 등 비즈니스 서포트를 하는 것이 특징이다.

▶ 호텔: 테마는 웜 & 모던

따뜻한 분위기에 좋게 정리된 인테리어 디자인. 호텔에 발을 디딘 손님은 지금까지 호텔에서 느낀 적이 없는 편안함을 찾을 수 있다. 마치 아는 사람의 저택에 초대되었을 때와 같은 느낌을 받는다.

45층에 위치, 이것이 리츠칼튼이 제공하는 분위기와 서비스다. 도쿄에서 제일 높은 건물인 도쿄 미드타운의 '미드타운타워'(248m) 45층에서 53층에는 '리츠칼튼도쿄'의 객실이 있다. 그곳에서 눈 아래 펼쳐지는, 지금까지 체험한 적이 없는 도쿄의 풍경을 만끽할 수 있다. 리츠칼튼에서는 종업원을 레이디즈 앤 젠틀맨(Ladies & Gentlemen)이라고 부른다. '신사 숙녀를 대접하는 우리들도 신사 숙녀'. 즉 손님 한 사람 한 사람이 필요로 하는 서비스를 이해하기 위해서는, 종업원 스스로가 신사 숙녀인 것을 유의하라고 설득하고 있는 것이다. 게다가 이런 서비스의 기본정신이 적힌 카드를 종업원은 항상 휴대하고 있다. 이렇게 우아한 서비스 때문에, 이 호텔은 많은 상류층 사람들과 저명인·문화인에게 사랑받고 있다.

소프트웨어 부분

갤러리아 백화점: 고급호텔에서 쾌적한 쇼핑을 즐기자

• 기본방향: 차분한 분위기로, 고급스런 쇼핑공간에서 부담 없이 여유 있게 쇼핑을 할 수 있도록 점포의 수와 개성을 배려하였다. 따라서 가장 중요한 것은 이곳의 점포는 다른 곳에서는 볼 수 없거나 설사 볼 수 있더라도 새로운 이미지를 전달하고 있다는 점이다.

전체 길이 약 150m, 높이 약 25m로 4층까지 연속된 공간. 실내의 휴식공간은 전부 나무를 사용하여 그린과 자연미를 강조하고 있다. 내부는 좀더 따뜻하고 좀더 고급스럽다. 바닥에는 나뭇결이 살아 있고 양탄자가 깔린 곳도 있어 차갑지 않으면서 매우 고급스럽다.

미드타워는 그린이란 컨셉하에 휴식의자도 나무를 사용하였고(사진 3), 내부의 전체 분위기도 나무를 이용하여 인테리어를 했다(사진 1).

그리고 같은 컨셉이라도 변화의 예를 살펴보면 자연을 나타내는 표현으로 물의 주제를 많이 사용했다. 개발역사를 보면 초창기에는 연못이 있었고 그 연못 안에는 붕어들이 있었다. 그 다음에는 동적인 표현을 가미하여 분수나 폭포가 유행하였으며 그 후 다시 정적·동적인 느낌을 동시에 갖는 갯물, 즉 흐르는 물을 도입하였고 이번 미드타운에서는 물이 소용돌이치는 상황이 나타났다(사진1). 이것은 컨셉은 동일해도 표현되는 방법과 기법이 현 고객의 욕구에 맞춰져야 한다는 것을 보여준다. 컨셉플래너는 개발 시 표현을 생각하면서 구상을 해야 정확한 내용을 전달할 수 있다. 이것이 바로 컨셉플래너의 역할이다. 카피개발자, 시설 및 공사책임자, 인테리어 담당자가 할 일이 아니다.

• 입점점포의 특징: 전체 130개 업체로, 보고 싶고 즐길 수 있으며 경험하고 싶은 아이템을 구성하여 누구나 찾고 싶은 욕망을 갖게 한다. 점포들은 모두 나무색깔을 그대로 살린 인테리어로 분위기에 통일성을 주었다. 상점들은 대부분 다른 곳에서는 보기 힘든 고급생활용품들을 판다. 그러나 '명품' 브랜드가 아닌 이곳에서만 볼 수 있는 특화된 제품들이 주종을 이룬다.

뷰티샵: 슈 샌추아리-뷰티·건강·문화의 결합

아름다움이란 장르에서 환경은 서비스를 받는 쪽뿐만 아니라 제공하는 쪽에서도 굉장히 중요한 것이다. 기분 좋은 환경에서 일하는 기쁨은 손님의 피부에 닿는 손을 통해 확실히 전해질 것이다. 이는 슈 우에무라 회장이 미드타운에 점포를 오픈하게 된 이유이기도 하다.

3차원적인 새로운 뷰티문화공간으로 외모적인 아름다움을 초월해 내면에 이르는 진정한 아름다움을 갈망하는 여성들을 위한 곳이다. 외적으로 보여지는 얼굴과 바디의 아름다움만을 위한 공간이 아닌, 감정과 건강의 표출과 유지까지 책임지는 뷰티와 건강 그리고 문화를 맛보는 토탈갤러리다.

세계 코스메틱 트렌드를 주도해나가고 있는 슈에무라가 일본 도쿄에 마련한 뷰티 스페이스가 또다시 변화를 거듭하면서 3차원적인 뷰티문화 구축을 시도하고 있다. 특히 국내의 경우에는 아직까지 뷰티 스페이스가 없을 뿐만 아니라 각종 브랜드샵이 도입된 지 5년이 넘어서고 있지만 판매중심의 샵에서 변화를 주지 않고 있는 실정이다. '슈에무라 센추리'란 이름으로 헤어·네일·옵티컬·남성전용 그루밍살롱 등 9개 서비스공간을 하나의 영역으로 만들었다.

슈 샌추아리

▶ 슈 샌추아리의 주요점포 소개

더리파이너리 런던테마관

우선 남성 그루밍살롱인 더리파이너리(The
Refinery) 런던테마관을 두기로 했다. 더리파이
너리는 세련된 서비스와 다양한 패키지 메뉴로
큰 주목을 끌었다. 영국의 그루밍문화가 아시
아로 전파되는 데 중심이 될 것이다. 메뉴는 새
로운 세대의 관점에서 젠틀맨이 되기 위해 갖
추어야 할 필수조건을 충족시킬 수 있는 다양
한 트리트먼트들로 기획되었다. 핸드마사지에

서부터 헤어트리트먼트·헤어컷·셰이빙은 물론, 네일케어·바디케어에 이르기
까지 남성들을 위한 토탈 패키지를 제공하고 있다.

여성 에스테틱 전문테마관 보트르 이스뚜아르

트리트먼트의 주요컨셉은 '손보다 더 섬세
한 기계는 없다' 이다. 이 컨셉하에 이루어지는
마사지로 기계를 사용했을 시 결코 가능할 수
없는 광범위한 페이셜케어서비스를 제공한다.
일대일 커뮤니케이션에 근거한 트리트먼트와
서비스를 통해 도심 속에서 지친 피부의 컨디
션을 향상시켜 주는 테마관이다.

아로마테라피 살롱테마관

아로마띠끄는 수년간 산부인과 의사들과 협력하며 산업체·샵·요가 스튜디

오에 컨설팅을 진행해왔다. 전체 바디·얼굴·발·다리케어·안구진정·베이비케어·임산부케어·산후조리 등 다양한 타입의 트리트먼트를 제공하며 또한 테라피스트들은 각 고객들의 풍요로운 삶에 도움이 되는 아로마테라피의 방법에 대해 일대일로 조언을 해준다.

토탈뷰티를 위한 살롱테마관

도쿄 중심지의 '엑셀(EXCEL)'은 각 고객을 위해 다양하고도 총체적인 케어를 제공하는 오뜨꾸뛰르 뷰티살롱이다. 헤어부스·네일부스·헤드테라피룸·VIP룸 그리고 뷰티셀렉트샵의 5가지 공간을 갖추고

있으며 헤어부스에서 일본에 처음 소개되는 최신도구들, 즉 독특한 헤어브러시, 빗, 드라이기, 금속으로 만들어진 헤어매직기 등을 갖추고 있다.

옵티컬 에스테틱테마관

'옵티컬 에스테틱 1(Optical Esthetics 1)'은 아티스트들의 메이크업과 아이웨어 사이의 공동작업을 수행하는 일본의 유일한 샵이다. 안경은 필요에 의한 아이템이라기보다는 아름다움을 위한 패션

아이콘이라는 새로운 컨셉을 주도한다는 것이다.

따라서 안경을 착용할 때보다 아름답게 보일 수 있는 메이크업을 위한 개별적인 어드바이스는 물론 매주 유명한 메이크업 아티스트의 메이크업 레슨을 제공한다. 특히 편안한 베이지 인테리어의 프레임 셀렉션 공간에서는 특별히 예약한 고객들을 위해 원하는 모든 안경테와 선글라스를 소개하며 섬세한 카운셀링을 통해 완벽한 프레임을 선택할 수 있도록 세심한 배려도 아끼지 않고 있다.

(자료원: 〈더데일리코스메틱〉)

산토리미술관

- 슬로건: '아름다움을 엮는다. 아름다움을 연다.'
- 기본이념: '생활 속의 미'를 실천하는 고객들이 자유롭게 이용할 수 있게 한다.
- 컨셉: 백화점 내의 상점.
- 구성: 아트샵과 미술관을 한 장소에 연출.
- 대상: 회화·도예·목공예·유리·섬유 등 다방면에 걸친 기획전 실시.

일본 최초 출점의 가게정보

• 패션

푸마 컨셉샵: 일본의 푸마샵과 달리 미드타운을 위해서 새롭게 설치한 컨셉샵이다. 'PUMA-The Black Store Tokyo'는 뉴욕에 이어 두 번째로 오픈한 플래그십 스토어다. 세계적으로 유명한 디자이너들과 공동 제작한 상품은 새로운 도시의 라이프스타일을 제안하며 기본적인 틀에서 벗어난 새로운 개념의 스포츠룩을 선보인다.

| 크루치아니 | 리처드 제임스 | 이탈리아 가방점 학킨 |

크루치아니	이탈리아 페루지아로부터 발신되는 세련된 디자인의 니트 콜렉션
토우 루비 욘 부띠끄	기계식 시계 브랜드를 전개하는 멀티 브랜드컨셉 부띠끄

학킨	이탈리아 가방메이커 '오로비안코'의 뉴 컨셉라인 학킨의 세계 최초 직영점
푸마브락스트아트우쿄	PUMA. 콜라보레이션 라인과 스포츠패션 라인을 갖춘 스토어. 뉴욕에 이어 세계 제2의 점포.
마리넷라나포리	1914년 창업. 이탈리아를 대표하는 넥타이의 유명한 상점에 의한 일본 최초 직영점
리처드 제임스	뉴 브리티시를 대표하는 이색의 테일러에 의한 신사복 전문점

• 인테리어 & 디자인

스타이르미트피플	1986년 뉴욕에서 창업했다. SMP/SPACE M PROJECT의 일본 직영점 처음 출점
파바카스텔	1761년 독일 뉘른베르크 교외의 슈타인에 창업한 파바카스텔 독일에 뒤이은 일본 최초의 전문점
리베코홈	린넨 중에서도 특히 고품질로 정평이 나 있는 벨기에 린넨의 톱브랜드 'LIBECO'의 일본 최초이자 유일한 샵

• 푸드 & 카페

'도심의 격조 있는 생활'에 불가결한, 선도 높은 신선식품을 제공한다. 24시간영업의 푸드마켓을 중심으로, 기프트에도 이용가능한 원랭크상의 엄선된 식품을 사 가지런히 할 수 있는 샵이나, 품질과 맛에 정평이 나 있는 유명한 상점을 전국으로부터 유치했다.

누들공장	콘 런 레스토랑에서는 세계최초의 누들전문점. 테이크아웃&이트인카운터가 있는 푸드부띠끄
노카 초콜릿	세계로부터 엄선한 희소가치가 높은 최고급 싱글 카카오의 초콜릿 콜렉션. 미국 달라스발
파트엔티포	본고장 베트남 태생의 PHO(퍼)의 가게 'PHO 24'가 일본 최초 출점
베르베리	1956년부터 계속되는, 벨기에 서프랑 다스 지방의 콘피츄르브란드가 일본 최초 상륙. 전통적인 제법으로 만드는 콘피츄르의 판매와 카페에서의 디저트를 전개

노카 초콜릿 도쿄 미드타운점

　미국 달라스의 럭셔리 초콜릿 브랜드 노카 초콜릿(Noka Chocolate)의 일본 제1호점이다. 보석점처럼 보이는 분위기인데 럭셔리한 진열장에 초콜릿이 진열되어 있다. 미국 유명배우인 니콜 키드먼, 케이트 블란쳇, 니콜레트 세리단 등이 축하선물로 노카 초콜릿을 사용했다. 에미상의 오피셜 파티에서도 게스트에게 노카 초콜릿을 대접했다. 미국 잡지 〈포브스〉에서도 '세계 제일 고가의 초콜릿'이라고 했다.

• 레스토랑 & 바

　진짜 맛과 진짜 서비스를 제공하는 유명한 요리사나 유명한 상점의 직영점포, 또는 상질의 일상을 제공하는 각국 요리전문 레스토랑이 광대한 녹지를 바라볼 수 있는 장소나 테라스 등의 쾌적하고 비일상적인 분위기 속에서 전개되고 있다.

니르바나 뉴욕

니르바나 뉴욕	1970년 뉴욕에 오픈해서 수많은 미식가의 허를 매료시킨 인도요리 레스토랑
비르보드라이브 도쿄	세계기준으로 선정된 국내외 아티스트의 라이브와 세련된 요리나 음료를 즐길 수 있다
보타니카	세계 각국에 전개하는 콘 런 레스토랑의 일본 최초 출점
유니온 스퀘어 도쿄	뉴욕에서 오픈한 손꼽히는 레스토랑 유니온 스퀘어 카페의 자매점이 일본 최초 상륙

• 서비스

도심생활을 충족시키는 최고의 서비스를 제공하는 점포가 출점해 있다. 녹지를 살려 빛이 흘러넘치는 쾌적한 공간에서 최첨단의 서비스를 제공하는 헬스 & 뷰티 콤플렉스가 오픈한 것 외에 영어에 의한 요리교실, 애완동물호텔 병설의 애완동물서비스샵 등 여러 가지 라이프스타일을 지원하고 있다.

더리파이너리	런던발맨즈 그루밍살롱의 파이오니아. 신사클럽의 분위기와 이발관, 스킨케어 등의 토탈 그루밍서비스를 원스톱으로 실시한다

(자료원: http://blog.naver.com/umma0818/60038167423)

점포들의 디자인컨셉이 독특해 해당업종이나 아이템을 판매하는 점포처럼 느끼지 않게 하였다. 예를 들어 베이커리 점포의 경우 고급스런 디자인으로 베이커리 점포처럼 보이지 않게 했으며 같은 점포지만 다른 지점과는 크게 차별을 두고 있다. 이제는 해당점포의 아이템을 알리는 것보다는 실제 고객이 찾을 수 있는 곳으로 만들고 있는 추세다.

그렇다면 컨셉담당자들이 일을 하기 점점 어렵게 되어가는 환경은 아닌가? 즉, 해당업종보다는 비용이 저렴하고 고객을 유인할 수만 있다면 어떤 컨셉과 디자인도 채택할 수 있다는 것을 단적으로 보여준다. 이는 기본적인 인테리어의 새로운 변화추세다.

입점점포의 세부이미지

　개발 기본방향에 적합하며 고객에게 새로운 것(이미지, 맛, 분위기 등)을 제공할 수 있는 점포를 선정하여 입점을 시켰다. 기존의 점포라도 여기에 입점할 때는 해당건물의 컨셉에 맞게 수정을 하여 입점을 할 수 있다.

　• 일본 화과자전문점 : 일본에서 가장 유명한 케이크전문점인 토라

외부　　　　　　　　　　　내부　　　　　　　　　　판매대

　여기서는 화과자가 보석점포의 보석과 같이 진열되어 있다. 인테리어 비용을 가장 저렴하게 하면서 고객의 호기심을 많이 끌고 있다.

　• 스타벅스 커피숍
　자유로운 분위기 속에서 커피를 마시면서 휴식을 취하고, 그외 담화나 다른 일을 할 수 있는 공간으로 인테리어가 되어 있다.

기본개념과 다른 스타벅스 커피숍

• 의류점

정면 　　　　　　　　 옆면 　　　　　　　　 내부

• 주요 레스토랑 소개

우측은 서 테렌스 콘란프로듀
스의 일본 제1호점이다.

로티 아메리칸 와인바 앤드 브랏세리

8할이 외국인 고객이라고 하는 인터내셔널인 모던 아메리칸 브랏세
리 '로티'의 자매점이다.

'도쿄의 지금'을 표현하는 새로운 화바 & 그릴

이데아 인터내셔널의 신업종, 로봇이 부르는 '이데아 디지털 코드'

한스프리가 있는 같은 갤러리아 3층 플로어에는, 인테리어에 어울리는 뛰어난 가전을 셀렉트한 이데아 디지털 코드(Idea-Digital-Code)가 있다.

• 부동산 자문센터: 리얼 플랜 살롱(미드타운)

도심의 대형고급맨션 근처에 컨설팅오피스를 지어 그 유통을 중심으로 '미츠이의 리얼 플랜'으로서 독자적인 브랜드 전개를 도모해온 '미츠이 부동산판매'회사는 이번에 미드타운 내의 개인자산가와 부유고객층에게 특화한 살롱 '리얼 플랜 살롱'을 개설했다.

느긋함과 안락함을 주는 공간
인 '리얼 플랜 살롱'은 영업거점
이 아니라, 부동산을 시작으로
하는 다방면에 걸친 전문적인 자
산형성 요구에 대해 종합적이고
장기적인 컨설팅을 행하기 위한
공간(살롱)으로 설치되었다.

　이곳에서는 '클래스 아르(Class-R)'라는 새로운 서비스를 시작하고
있다. 이것은 매개·대리·컨설팅 등에서 거래실적이 있는 개인고객을
대상으로 한 것으로, 아래 4개의 서비스로 구성된다.

부동산컨설팅서비스

"모든 자산상황을 파악해 향후의 방침을 검토하고 싶다" "소유자산의
가치를 정기적으로 파악하고 싶다"라는 요망으로부터, 상속대책이나
공유자산의 활용·관리·운영방법 등의 고민이나 요구에 응하는 자산
진단서비스를 이번 가을부터 개시한다.

리빙컨설팅서비스

저명 건축가나 인테리어 코디네이터 등의 톱아티스트들에 의해, 쾌
적한 거주공간을 실현하기 위해 지원한다.

리빙서포트서비스

플라워 코디네이터나 하우스 클리닝, 메이드서비스 등 하루하루를 쾌
적하고 아름답게, 그리고 안심하며 보내기 위한 서비스를 제공한다.

엄선된 호텔, 경영진 전용의 데크(deck) 등 인생을 너글너글하게 즐기기 위한 서비스를 제공한다. (자료원: http://blog.naver.com/umma0818/60038166706)

결론: 기획된 컨셉대로 정확히 실행하고 성과를 거두자

지금까지 원래의 기획자들의 뜻을 정확히 전달하지는 못했지만 도쿄타운 홍보담당처럼 되도록 세부적인 이야기와 사례를 다루었다. 컨셉을 설명하는 책에서 이런 내용은 다소 예외라고 생각할 수도 있다. 어쩌면 이것은 그리 중요하지 않을 수도 있다. 간단히 요점과 방향만 제시하여 이해시키면 되지 않는가?

그러나 그렇게 설명할 수는 없다. 컨셉을 만들기는 쉬울지 몰라도 활용과 실천을 통해 실제 성과를 얻을 수 있어야 한다. 성과를 얻으려면 어떻게 해야 하는지에 대해 확실히 파악해야 한다. 즉, 실천을 하기 위한 컨셉인지, 해당컨셉이 실제에 도움이 되는지, 실천 후 성과는 있었는지를 확인해야 하는 것이다. 이런 내용을 전체적으로 파악할 수 있는 내용을 제시하고 싶어 도쿄타운을 자세히 설명한 것이다.

탁상 위의 컨셉보다는 실천이 되고 성과를 얻을 수 있는 컨셉을 만들어야 한다.

03 : 세 번째 이야기
—영업사원의 역할 재정립

컨셉을 다루는 내용에서 갑자기 영업사원 이야기를 하는 것이 의외라고 생각될 수 있다. 이는 최근의 기업에서 컨셉을 개발할 때 검토되는 사항과 실제로 실천하고 달성하기 위해 얼마만큼의 노력과 의지가 필요한가에 대한 한 단면을 보여주기 위한 것이다.

지난 두 달 동안 내가 경험한 세 명의 영업사원에 대하여 이야기해 볼까 한다.

첫 번째 사람

그는 부드럽고, 친절하며, 프로다웠다. 그는 회사제품의 기술적 명세와 특징을 잘 알아서 자기회사 제품이 왜 좋은지를 계속 설명했다. 물론 그가 옳다. 그러나 모든 회사가 전부 물건을 잘 만들고 있다. 그의 주장은 원스톱 구매가 가능하다는 것이다. 그것이 좋은 개념이기는 하지만 나에게는 그리 좋은 것이 아니다. 10여 개 일용품을 취급하는 업체가 나에게 주는 이점은 무엇인가?

두 번째 사람

그 역시 기술에 관해서 많이 알고 있었다. 자기 제품에 열정을 가지고 있었고 새로 개발 중인 부가가치 프로그램에 관해서도 이야기를 했다. 그것이 나에게 이익을 가져다줄 것이라고 말했다. 그렇다면 미래에 다시 보자고 했다.

세 번째 사람

그는 제품에 관해서 아무것도 얘기하지 않았다. 단지 이런 질문을 했다. 얼마의 자본을 설비에 묶어놓아야 하는가? 이 현장에서 발생하는 생산수율의 손실은 어느 정도인가? 트럭과 물류운영에 얼마의 자금을 묶어놓았나? 우리는 진지하게 대화를 나누었다.

어떤 영업사원이 계약에 성공을 할 수 있을까?

2주일 후 세 번째 영업사원은 다시 찾아와 나의 자본집중도와 자본비용을 얼마나 줄일 수 있는지 방안을 제시했다. 그리고 우리회사의 창고면적을 얼마나 줄일 수 있는지 알려주었다. 결론은 회사의 운영비용을 많이 절약해준다는 것이었다. 그는 우리회사에 납품하는 기회를 따냈다.

위와 같은 해답을 얻기 위해 잭 웰치(전 GE 회장)는 다음과 같은 물음을 던졌다.

• 우리회사 제품은 시장점유율은 높은데 이익은 왜 낮은가?

- 우리조직이 제품을 밀어내고 있는가? 또는 고객의 문제해결을 지원하고 있는가?
- 우리회사의 경영활동을 제조에서부터 서비스와 지식에 기초한 활동으로 바꿔야만 하는가?
- 우리의 조직을 미래의 고이익 활동으로 전환하는 데 실현가능한 방법이 있는가?

(자료원: 에이드리언 J. 슬라이워츠키,《수익지대》세종서적, 1999)

상기의 문제를 해결하여 배출한 영업사원이 바로 세 번째 영업사원이다. 첫 번째 영업사원은 제품설명과 제품의 이점 등을 자세히 이야기하고 납득시키는 능력을 발휘하였다. 일반적인 영업사원의 특징을 가장 잘 나타내고 있었다. 두 번째 영업사원은 자사제품과 기술이 좋아서 구입 후의 이점을 자세히 설명하는 탁월한 실력을 보여주었다. 그런데 내용은 좋으나 구매자가 원하는 방법은 아니었다. 세 번째 영업사원은 제품보다(제품품질은 비슷하다고 생각하고) 실제 제품사용 시 파악할 수 있는 활용도·이익·경비절감 등에 대해 설명을 하였다. 즉, 고객이 필요로 하는 욕구에 적합한 대안을 제시한 것이다. 이제는 제품품질이 거의 비슷하다. 그래서 가격경쟁이 치열할 수밖에 없어 회사에 어려움을 주는 것이다. 그는 구매 시 가격할인과 저렴한 구매보다 구매 후 얻을 수 있는 부가가치·활용도·이익의 설명을 통해 구매자에게 실제적인 이익을 제공하여 판매를 성공시켰다.

지금까지 우리가 해온 영업방법으로는 첫 번째나 두 번째 방법이 판매에 성공할 확률이 높을 것으로 생각된다. 그러나 세 번째 방법이 성공을 한 것이다. 영업담당자나 회사는 당황할 것이다. 그렇다면 새로운 영업방법 개발이 필요한 것이다. 영업환경이 바뀌고 있으며 고객이 원하는 것도 변하고 있는데 영업담당자만 바뀌지 않았다. 영업담당자는 슈퍼마켓에 계속 제품만 갖다주면 되고 광고한 제품은 더 많이 진열하고 매출증대를 위해서는 할인판매 등의 판촉방법을 사용하여 목표를 달성한다. 여행사는 고객을 모으기 위해 가능한 한 저렴한 가격에 광고를 계속한다. 그러므로 마진은 점점 줄어들고 시장경쟁은 치열해져서 가격할인 이외에는 판매방법이 거의 없다. 영업환경이 어려우니 영업사원의 정착률은 떨어지고 따라서 회사의 이익구조는 점점 어려워지는 것이다.

이제는 영업사원이 제공하는 전략과 서비스가 달라져야 할 시기가 왔다. 영업사원은 제품 및 서비스를 파는 사람이다. 그리고 기본컨셉은 판매를 잘하면 된다. 이를 일반적으로 프로 세일즈맨이라고 했다. 그러나 환경이 변하여 프로 세일즈맨만이 영업사원은 아니다. 이제는 고객에게 이익을 제대로 제공하는 사람이 유능한 세일즈맨이다. 그리고 고객의 이익을 더욱 증대시키고 더 많은 정보를 제공하여 의사결정에 도움을 주는 역할을 하는 사람으로 변하고 있다. 무조건 팔겠다고 주장하는 것이 아니라 보다 합리적인 구매를 위한 조언자가 되는 것이다. 그래서 컨설턴트의 역할도 많이 포함되고 있는 것이다.

잘 판매하도록 도와주는 영업사원도 있다(컨설팅 세일즈맨). 또 구매하는 회사나 담당자의 일의 개성과 추가이익을 제공하는 사람도 영업사원이다(솔루션 세일즈맨). 해당지역에서 판매가 더욱 잘 되게 지원하는 영업사원도 있다(지역관리 컨설턴트). 이렇게 시대와 여건이 변하면서 영업사원에 대한 역할과 컨셉도 바뀌고 있다. 그러나 실제 컨셉정립 후 실천의지와 노력이 부족하여 정착이 어렵거나 시간을 많이 소모하는 경우도 발생한다. 새로운 컨셉이 왜 필요한지에 대한 검토를 해보면서 실제 컨셉정립 시 확인해야 할 사항과 컨셉개발자의 역할의 중요성을 다시 확인해보자.

영업환경의 변화

고객의 변화

구매수준의 고급화와 알뜰화

소득이 증가되면서 제품의 선호기준도 변하여 좋은 제품을 구입해서 사용하기를 원하고 또 가능하면 양질의 제품을 저가로 구매하고자 하는 구매특성이 나타나 구매가 편리하고 보다 저렴한 점포를 찾아가는 양상이 두드러지고 있다.

라이프스타일의 변화

세대별로 맞벌이부부의 증가와 소비자들의 바쁜 생활은 쇼핑을 통해 일정 기간에 구매하는 패턴으로 변하게 하여 주말 또는 휴일에 구매하는 비율이 월등히 증가하고 있다. 일주일 분량을 구매해야 하니 자연히 한 곳에서 구매하는 경향이 높아지고 또 가족과 같이 구매하는 유형이 많이 나타난다. 따라서 구매 및 식사나 여가 등을 같이 즐길 수 있는 곳을 구비한 점포를 찾게 된다.

편리함을 추구하는 쇼핑트렌드

바쁜 업무와 여가활용의 적절성을 생각하는 소비자들이 증가하면서 구매시간과 구매금액의 절약은 기본이고 나아가 어떻게 하면 쇼핑을 좀더 효율적으로 할 수 있는가에 대한 구매패턴의 변화가 더욱 많이 나타나고 있다. 이와 같은 유통환경의 다양한 변화는 계속 심화되는 경향이 있으므로 향후 몇 년 동안은 시장정착을 위한 유통점의 경쟁과 노력이 계속될 것으로 예상된다.

원스톱쇼핑을 위한 점포의 대형화

소비자는 제품을 구매하러 여러 곳을 다니지 않고 한 곳에서 예정된 제품을 구매하기 때문에 한 점포에 여러 가지 제품을 구비해놓아야 한다. 따라서 점포의 규모가 커야 한다. 최근에는 쇼핑장소에서 식사 또는 여가를 보내려고 하기 때문에 점포는 더욱 대형화되고 있는 추세다.

유통환경의 변화

2005년 말 판매액지수를 2000년(100) 기준으로 보면 편의점 255, 할인점 190, 무점포판매 187, 백화점 97, 영세소매업 94이다. 편의점, 할인점, 무점포판매의 성장세가 뚜렷한 것으로 나타나며 백화점, 영세소매업은 후퇴현상을 보이고 있다. (자료원: 산업자원부)

2002년 이후 소매업태별 매출증가율을 보면, 편의점이 연평균 25.1%(2001년 1조 6천억 원→2005년 3조 9천억 원)로 가장 빠르게 성장하였고, 그 다음으로는 무점포판매(12.9%, 9조 4천억 원→15조 3천억 원), 대형마트(8.8%, 16조 9천억 원→23조 7천억 원) 순이다.

예전의 백화점·시장·슈퍼마켓에서 할인점·편의점·방문판매·통신판매 등의 신업태가 등장하더니 최근에는 아울렛·홈쇼핑·사이버마켓 등의 다양한 업태들이 생겨나서 유통시장은 시장영역 지키기와 빼앗기

국내 소매유통업 매출액 추이

단위: 조 원

구분		전체	백화점	대형마트	무점포판매	편의점	재래시장, 기타
2003년	금액	132.6	17.2	19.7	12.0	3.2	80.5
2004년	금액	134.5	16.5	21.7	12.4	3.5	80.4
	증가율	1.4	−4.1	10.1	3.3	9.4	−0.1
2005년	금액	140.7	17.2	23.8	14.0	4.0	81.7
	증가율	4.6	4.2	9.7	12.9	14.3	1.6
2006년	금액	146.5	18.1	25.7	15.9	4.3	82.5
	증가율	4.1	5.2	8.0	13.6	7.5	1.0
2007년	금액	151.6	18.6	28.0	19.7	5.7	79.6
	증가율	3.5	2.2	10.5	8.2	9.3	−3.5
평균증가율		3.4	1.9	9.6	9.5	10.1	−0.4
2008년 (예측)	금액		19.2	31.3	21.3	6.1	
	증가율		3.2	11.8	8.1	7.0	

＊대형마트: 할인점
＊무점포판매: 홈쇼핑, 인터넷쇼핑

(자료원: 2003~2006년은 상공회의소, 2007년은 상공회의소와 신세계유통연구소 자료통합, 2008년은 신세계유통연구소)

의 경쟁이 어느 때보다 치열한 상황이다. 이미 할인점은 백화점의 매출을 넘어서 매출규모가 가장 큰 소매업으로 정착을 하였으며 할인점도 예전의 창고형 중심의 단순 판매기능에서 인테리어를 고급화하고 고객서비스도 다양하게 증가하여 서로 차별화경쟁을 하고 있다. 그리고 편리함을 강조한 업태로 인터넷쇼핑·홈쇼핑 등 무점포판매는 2007년 기준으로 백화점보다는 매출이 높고 할인점 매출액의 70%를 차지하는 등 높은 성장을 하고 있으며 하나의 유통업태로 완전히 정착을 하였다. 따라서 어느 기업이건 무점포판매 채널에 대한 사업검토가 필요할 것이다.

그리고 일반점포도 해당점포의 특징을 강하게 나타내고 더욱 전문

인터넷쇼핑몰과 홈쇼핑 시장규모 추이

(단위: 억 원, %)

구분		2002년	2003년	2004년	2005년	2006년
인터넷 쇼핑몰	금액	60,299	70,548	77,680	104,000	136,240
	증감률	80.2	17.0	9.2	33.9	1.0
홈쇼핑	금액	44,000	41,500	39,300	42,700	46,100
	증감률	–	−5.7	−5.3	8.6	8.0
계	금액	104,299	112,048	116,980	146,700	182,340
	증감률	–	7.4	4.4	25.4	4.3

(자료원: 통계청)

1990년대 전	1990~1998년	1998~현재	앞으로
시장 →	시장 →	전문대형상가 →	분화된 전문상가
구멍가게 →	소형 슈퍼마켓 →		소형 슈퍼마켓 =제품별 편의점
	편의점 → →	일반편의점 사무편의점 → →	일반편의점 =전문편의점 (세탁, 사무)
슈퍼마켓 →	슈퍼마켓 →	대형 슈퍼마켓 →	대형 슈퍼마켓 =슈퍼센터
백화점 →	백화점 →	고급백화점 전문백화점 →	고급백화점 =전문백화점
	할인점 → → →	일반할인점 아울렛 회원제 할인점 → → →	일반할인점 아울렛 =회원제 할인점 =전문품 할인점 (카테고리 킬러) (홈 데포) (스포츠 데포)
전문점 →	전문점 → → →	대중전문점 대형전문점 고급전문점 → → →	대중전문점 대형전문점 =고가전문점 (명품점) =기능별 전문점 (델리숍, 네추럴숍(유기농), 뷰티 앤 스파, 스킨케어 슬림, 골프 앤 클리닉, 남성 멋, 캐릭터 등)

화한 점포로 변신하여 고객을 유인·고정고객화하는 비율이 높아져 새로운 점포로 정착을 하고 있다. 이때 가장 중요한 것은 점포의 컨셉과 정확한 정립이다. 유통점의 변화추세를 보면 이해에 도움이 될 것이다.

이와 같은 유통환경의 다양한 변화는 계속 심화되는 경향이 있으므로 시장정착을 위한 유통점의 경쟁과 노력이 계속될 것으로 예상된다.

영업사원의 역할과 변화방향

현황

슈퍼마켓의 빠른 문닫음으로 맞벌이주부와 지역주민의 불편, 구멍가

국내 식품류소매업

(위: 1996년, 가운데: 2000년, 아래: 2006년 [ ]: 증감률)

	사업체 수(개)	종업원 수(개)	1사업체당 종업원 수
슈퍼마켓	3,657 5,285 [44.5] 7,120 [34.7]	32,925 31,736 [-3.7] 53,462 [68.5]	9.00 6.00 7.51
식료품	281,041 134,534 [-52.2] 98,523 [-26.8]	430,691 243,436 [-43.5] 175,483 [-27.9]	1.53 1.81 1.78
곡물	18,613 14,727 [-20.9] 8,629 [-41.4]	29,951 25,346 [-15.4] 13,568 [-46.5]	1.61 1.72 1.57
수산물	27,556 24,004 [-12.9] 21,343 [-11.1]	38,960 38,538 [-1.1] 34,723 [-9.9]	1.41 1.61 1.63
고기	35,044 31,203 [-11.0] 23,002 [-26.3]	58,308 56,459 [-3.2] 41,894 [-25.8]	1.66 1.81 1.82

(자료원: 통계청)

게의 제품종류 부족과 깨끗하지 않은 제품진열에 대한 구매자의 불만, 이 두 가지의 단점을 보완해서 편의점이 탄생했다. 또 백화점처럼 일괄구매(One Stop Shopping)가 가능하나 좀더 저렴한 곳은 없을까 하는 욕구에서 생활에 필요한 제품을 편리하고 저렴하게 구매할 수 있는 개념의 점포가 탄생했는데, 이것이 할인점이다. 이와 같이 사회추세의 변화와 소비자의 욕구 및 구매패턴의 변화 등으로 점포의 이용개념 자체가 변화하는 경우가 발생하는데 이때는 단순한 개선이 아니라 점포디자인, 분위기, 제품과 제품종류, 점포면적, 서비스 등 전체적인 변화에 맞게 점포를 재포장하는 것이 필요하다. 따라서 점주의 의사결정이 매우 중요하며 이때 가장 큰 변화의 주체는 점주와 종업원이 되어야 한다.

특히 우리나라 소형소매점에서는 점주 또는 직원 1~2명이 해당점

소비업태 변화추세

(단위: 개, 명)

구분		1995년	2005년	증감
대형마트	점포 수	25	316	289
	종사자 수	3,000	55,000	52,000
편의점	점포 수	1,557	8,855	7,298
	종사자 수	9,000	36,000	27,000
슈퍼마켓	점포 수	4,800	7,000	2,200
무점포판매	점포 수	10,000	14,000	4,000
	종사자 수	90,000	170,000	80,000
백화점	점포 수	160	80	−80
	종사자 수	55,000	20,000	−35,000
구멍가게	점포 수	740,000	580,000	−160,000
	종사자 수	1,369,000	1,080,000	−289,000
	점포당 인원	1.85	1.86	

＊대형마트: 할인점
＊무점포판매: 인터넷쇼핑, 홈쇼핑
＊구멍가게: 지역 소형소매점

(자료원: 통계청)

포를 운영하고 있다. 그렇기 때문에 해당점포가 자기 점포인데도 경영 전략을 수립한다는 것이 시간적으로나 능력 면에서 어려울 수 있다. 그러므로 영업사원이 전략수립의 업무를 담당해야 한다. 점포를 새롭게 꾸미고 이를 이끌어가는 사람이 과거의 사고방식과 스타일로 일을 하면 소비자는 다시 그 점포에 오지 않는다. 예를 들어, 슈퍼마켓도 변해야 할 시기가 온 것 같다. 시간이 더욱 경과하면 할인점과 백화점, 무점포판매에 고객을 빼앗겨 회복하기가 어려울지도 모른다. 슈퍼마켓은 어떻게 변해야 하는가? 좋은 연구테마다.

국내 소매업체는 2005년 616,000개로, 2000년 693,701개, 1995년 756,000개보다 감소율이 높게 나타나고 있는데 수량으로 보면 10년 사이에 약 140,000개가 감소를 하였다. 소매업의 전체적인 감소현상은 점포의 대형화, 할인점의 증가, 전자상거래 등 유통채널의 다양화 및 대형화 그리고 구매의 편리성 추구, 저렴한 가격의 구매 등 소비패턴의 변화로 나타나는 현상인데 이는 기존점포들의 경영을 악화시키고 있다. 우리나라 소매점의 평균종사자가 2.2명이며 특히 식품류는 2명(2005년 1.86명)이 되지를 않는다. 따라서 대형점의 출현, 전문서비스업체와 대형 프랜차이즈회사의 등장이 계속되면 이들 소형점포는 대응할 전략을 수립할 수 있는 인력과 시간이 없어 계속 도태되는 현상이 나타날 수 있다. 이런 현상은 같은 업종이나 유사한 업종에서 많이 발생한다. 그래서 소매업통계를 보면 어떤 업종분야는 감소하는 점포가 증가하는 점포보다 많을 수 있다. 그리고 같은 사업인데 사업방법이 비슷하여 경쟁이 치열한 사업과 점포도 많다. 그러니까 경영에 어려움을 겪고 있는 것이다.

동네 소형마켓과 구멍가게와 유사한 경영형태를 나타내고 있는 곡물·육류·수산물소매점 등의 점포 수도 10~20% 정도가 감소하였다.

이러한 감소현상으로 소매업과 거래를 하는 영업사원들은 어려움에 처하게 되었다. 이제는 구멍가게·동네 소형슈퍼·수산물판매점 등은 새롭게 변신을 해야 할 때다. 특히 제조업체들에 있어 슈퍼마켓들의 매출 회복은 매우 중요한 과제다.

시장환경

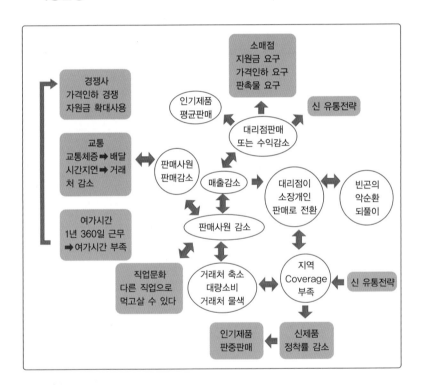

회사의 직판 영업사원보다 더 어려움을 가지고 있는 대리점을 중심으로 검토해보면, 위 그림은 일반적인 소비재대리점의 시장상황을 도식화한 것이다. 영업사원은 경쟁사의 판촉경쟁과 점내 점유율확보를

해야 하고 또 해당시간 내에 지역점포를 모두 방문해야 하며, 점주는 가격과 회사의 지원에 대해 매번 불평을 들어주어야 한다. 이런 어려운 여건에서 활동하기 때문에 영업사원의 이직률은 높다. 그리고 예전같이 다른 직업이 없는 것도 아니다. 따라서 영업사원의 전업이 자주 발생하여 본인이나 대리점은 목표매출에 미달하는 등 지역관리에 어려움이 발생하고 있다(그나마 제품력이 좋고 이름 있는 회사의 영업사원은 여건이 좋은 것이다. 위와 같은 어려움은 별로 없을 것이니 말이다). 특히 매출달성을 위해 대량거래처를 자꾸 찾아다니면 지역소매점 관리가 부실화되어 제품진입이 점점 힘들어져 시장상황은 더욱 어렵게 된다. 본사는 대리점이 관장하기 어려운 지역의 대형소매점을 관리하고 있는데 이들에 대한 정책과 대리점의 정책이 서로 맞지 않아 시장에서의 혼란을 발생시키기도 하여 대리점의 매출하락에 영향을 주기도 한다.

일반현상

- 매장은 변함이 없는데 신제품은 증가하고, 또 경쟁회사도 늘어나고 있어 점포진입 또는 위치확보가 어렵다.
- 지역 슈퍼마켓의 주 고객이 백화점·할인점·편의점 등으로 전환되어 지역 슈퍼마켓의 1일 내점객이 감소하고 있다.
- 어디서 출하되었는지는 모르나 판매가 이하의 제품들이 있어 예전보다 가격을 책정하는 권한이 영업사원에게서 거의 없어졌다.
- 또 경쟁회사들의 제품입점 경쟁, 입점 후 매출증대 경쟁으로 가격인하, 판촉물 제공 등으로 시장관리가 더욱 어려워졌다.
- 소비자 구매패턴이 변화되어 내점객의 구매수량, 구매단가가 낮아져서 소매점매출이 하락하는 현상을 보이고 있다.

- 영업사원은 매출이나 거래처관리가 점점 어려워져 직업을 전환하고 있다.
- 대리점 자체도 매출이 하락하여 영업사원의 수를 줄이고 있다.
- 지역 내에서 경쟁이 어려운 대리점은 거래처 진열경쟁에서도 열위를 보여 매출하락의 악순환이 계속되고 있다.

대리점의 영업사원 감소 및 매출하락이 지역 대형거래처만 거래하여 매출을 유지하는 현상으로 나타나 지역시장 점유율은 계속 하락한다. 또 대형거래처는 인기제품만 선호하니까 신제품에 대한 판매량이 저조하게 되어 신제품의 시장정착률이 하락하게 된다.

이러한 현상 등은 본사의 매출감소로 이어지기 때문에 대리점 비중이 높은 회사는 매우 어려움을 겪을 수 있다.

영업사원의 현상과 변화방향

회사와 영업사원의 대응상태
- 지역고객의 구매패턴에 대하여 확실히 알려고 하지 않는다.

영업사원은 상권분석과 활용에 대한 내용은 알고 있어도 지역상권 파악이 잘 안 되어 있고, 되어 있더라도 규모측정만 되어 있는 등 해당 지식에 대한 활용이 매우 부족하다. 지역상권 소비자의 정확한 소비패턴과 라이프스타일이 확인이 안 되어 신제품 출하 시의 반응이나 특정 제품의 판매증가나 감소 등을 예측 또는 확인하기가 어렵다.

신제품이 출하되면 일단 팔아본 후 그 결과를 보고 내가 담당한 구역에서 판매를 할 것인지, 팔면 얼마나 팔 수 있을지를 결정한다. 또는 몇 개월이 지난 다음에는 '생산량이 너무 적다' 아니면 '시설과잉이다'라고 주 담당자의 실수로만 생각하게 된다.

이제는 이러한 환경에서 벗어날 때가 되었다.

여러분의 지역에서 제일 잘 팔리고 있는 제품은 무엇인가?

잘 팔리는 이유는?

- 영업사원이 변화에 대해 민감하지 않다.

영업사원은 팔기만 하면 되는 것이다. 팔아서 매출만 달성하면 되는 가장 간단하면서 중요한 일을 담당하고 있다. 그러나 해당제품이 잘 팔리는 이유는 무엇일까? 제품이 좋은가, 아니면 판매여건이나 방법이 좋은가, 또는 영업사원의 능력이 뛰어난가? 여러 가지 요인이 있겠지만 이제는 판매 시 여러 가지 다양한 변수가 작용하기 때문에 현재의 역할만 가지고는 시장경쟁을 극복하기가 어렵고 매출달성 또한 힘들다.

이제는 영업사원이 전략적으로 변할 때가 되었다. 전략적으로 생각하라고 하면 대개 귀찮아한다. 시장환경과 소비자의 구매패턴이 계속 바뀌고 있는데 영업사원의 역할과 행동은 변하지 않고 있다. 제품지식과 적극적 사고, 고객접근 방법과 대인관계, 납품, 클레임 처리 등 매일 같은 일에 대한 반복뿐이다. 이것만으로는 경쟁환경을 극복하는 데 한계가 있다. 이제는 새로운 지식과 행동요령이 필요한 때다. 즉, 파는 것에만 숙달이 되어 있는 영업사원은 현재의 판매방법에만 안주하고 있어 현재의 전략으로는 고객을 만족시키지 못하는 시대가 도래한 것이다.

이제는 미리 예측하고 생각하고 실행해보고, 모자란 점이나 빠뜨린 사항이 있으면 보완하고, 더 필요한 것이 있으면 채워 넣어야 한다. 그래서 하나의 제품이라도 좀더 많이 팔고 지속적으로 팔아야 한다. 이는 시장을 정확히 파악해 대처할 수 있도록 역할과 기능이 변화되어야 한다는 것이다. 따라서 어떤 날은 영업사원이 해당 소비자들과 만나서 제품에 대한 이야기도 해보고, 또 어떤 날은 경쟁사 제품의 소비패턴도 확인하는 등 역할의 전환이 필요하다. 나아가 현장상황에 적극 대처할 수 있는 전략과 능력을 갖추어야 한다.

• 회사가 영업사원의 역할수행을 위한 제반지원시스템이 미비하다.

A라는 지역의 인구는 얼마나 되며 20대와 30대 여자는 얼마나 있으며 이들의 소비성향은 어떠한가? 이번에 신제품 B가 출시되었을 때 구매성향은 어떠한가? 얼마나 구입했으며 반복구매는 며칠에 한 번씩 일어났는가? 그 후 한 달 매출은 얼마나 되는가? 신제품 C가 출하되면 얼마나 팔릴까? 어떤 판촉전략을 사용하면 더 많이 팔릴까? 덤을 더 줄까, 특별할인판매를 할까, 여직원을 동원할까, 판매대에 더 멋있게 장식을 해서 팔까? 등이다.

주스는 위 방법 중 어떤 방법을 사용해야 잘 팔리는가? 치약을 가장 많이 팔리게 하는 방법은 무엇인가? 이를 위한 방법과 통계는 얼마나 정확하게 보관이 되고 있나? 있으면 과연 얼마나 유용하게 쓰일까? 이제는 통계와 관리를 통한 영업이 필요한 시점이 되었다고 본다.

이와 같이 경쟁의 치열, 과다한 상품출현, 고객기호의 고급화와 다양화, 점주의 요구증가 등으로 영업환경이 예전하고는 많이 달라져 회사의 수익률은 낮아지고 있다. 이를 탈피하기 위해 회사는 많은 노력을 하고 있다. 영업사원들도 성과를 증대시키기 위해 많은 노력을 하고 있다. 그러나 이제는 할 수 있다는 정신력만 가지고는 해당 어려움을 극복하기가 쉽지 않다. 영업방법과 자세를 바꿔야 하는 환경이 되었다. 물론 영업사원 자체만 바꾼다고 해결이 되는 것은 아니다. 회사의 영업 정책과 운영제도, 나아가 관리시스템도 바꿔 톱니바퀴처럼 맞물리게 할 때 효과는 배가되는 것이다. 참으로 어려운 일이다.

그러나 이에 대한 성과도 그리 만족할 만한 것은 아니다. 그 이유는 실제 영업사원이 변화할 수 있는 여러 가지 제도나 조직풍토가 바뀌어야 하는데 이것 또한 그리 쉬운 일이 아니기 때문이다. 그래서 실패율만 높아지고 영업활동에 혼돈만 생겨 더욱 어려운 환경을 만드는 경우도 있다.

따라서 실제 영업사원이 왜 변해야 하는지에 대한 담당자들의 역할을 재확인해야 한다. 그리고 변화를 하려면 회사와 영업팀의 여러 가지 변화와 지원 등 필요충분조건을 검토해야 한다. 그래서 실제 컨셉정립과 실천의 어려움을 파악하고 컨셉개발자의 역할의 중요성을 재확인하는 기회로 삼아야 할 것이다. 이러한 추세는 영업사원의 변화를 종용하고 있다. 그래서 많은 회사들이 다양한 방법으로 영업사원의 능력변화와 향상에 대해 노력을 하고 있다.

컨셉이 좋아도 실천의 의지와 서로의 도움이 없으면 해당컨셉은 실패하고 만다.

환경변화에 따른 점포의 변화

슈퍼마켓의 규모가 작으면 일반식품과 잡화, 생활용품류를 모두 취급하는 것이 불가능할 것이다. 따라서 주요상품만 진열하여 판매하고 필요하다면 배달서비스를 하는 것도 검토할 필요가 있다. 이와 같은 변화의 주도는 영업사원이 해야 하며 점주도 자체 판매정보를 가르쳐주어 최적상태의 제품구성 및 재고관리를 해야 한다.

　과일·채소·활어 또는 생선류에 대한 사용시점을 소비자로부터 주문받아 그때 준비를 해놓거나 아니면 슈퍼마켓에서 주변상권의 주요고객에게 연락하여 사전주문을 받아 배달을 해준다. 그래서 어떤 상품은 신선하면서도 싸게, 어떤 상품은 조금 비싸게 제공하여 점주와 소비자의 만족을 동시에 추구하면서 자본회전율을 극대화시켜 적은 자본으로 매출극대화를 얻을 수 있다. 해당 소형슈퍼에는 사용할 수 있는 제품은 적다 하더라도 계획구매를 통하면 매우 효율적이고 효과적이라는 것을 인지시켜서 고객에게 다른 상점의 이미지를 심어주도록 한다. 또 어떤 슈퍼마켓에서는 기획제품·염가제품·세트제품을 주로 취급하여 할인점보다는 양이 적으면서도 비교가격으로는 비슷한 수준으로 소비자에게 판매하면서 새로운 점포 이미지를 정착시키는 것도 매우 좋다. 이런 사항들은 상품과 서비스를 동시에 제공하면서 소비자의 욕구도 충족시켜 준다.

　이와 같이 사회추세의 변화와 소비자의 욕구변화, 점포 자체의 변신 등으로 점포의 사용개념 자체가 변화하는 추세다. 이런 추세에 맞추어 이제는 단순한 개선이 아니라 점포의 컨셉을 명확히 하여 점포운영 방법, 점포디자인, 분위기, 제품과 제품종류, 점포면적 등 전체적인 변화에 맞게 점포를 재포장하는 것이 필요하다. 최근에는 이렇게 변화를 하고 있다.

　그러면 이해를 돕기 위해 슈퍼마켓의 방향을 검토해보자. 유통업체들 중 슈퍼마켓의 성장률이 가장 낮게 나타나고 있다. 이는 고객들의 눈높이와 일괄구매 성향이 높아짐으로써 할인점과 백화점 이용이 증대

되고 슈퍼마켓의 이용률이 낮아진 것이 가장 큰 요인이다. 또 최근에는 사이버마켓의 시장이 확대되면서 더욱 입지가 좁아진 상태다. 따라서 이제는 슈퍼마켓도 변해야 할 시기가 온 것이다.

슈퍼마켓은 어떻게 변해야 하는가

과일 및 생활용품전문점? 식품전문점? 배달전문점? 유기농제품전문점? 여하튼 변화를 할 것이다. 지역특색에 맞게 우선 기본방향이 정립되어야 한다. 소비자는 무엇보다 편리한 것을 좋아하는 추세이므로 고객이 구입할 때 편리하게(구입 시 필요제품 구입과 주문으로 구입하는 방법으로 구분될 수 있다), 배송 시에도 편리하게, 때에 따라서는 보관 시에도 부담 없게 해야 할 것이다. 그래서 슈퍼마켓은 편의점 개념과 같이 지역편의점이 되면서 자기만의 독특한 차별성을 갖추어야 한다.

동네 슈퍼마켓 점포컨셉과 변화사항

	과거	현재	신규점포
이미지	가까운 곳	가깝다/저렴	신선, 특별제품
분위기	지저분	보다 깨끗	깨끗, 우아
응대	거의 없다	부분적 응대	개인별 응대
용모	자유분방	자유분방	개성/단정
가치	편리함	편리함	구매 보람
가격	정가	저렴	보통
제품	일반류	일반류	특정류(환경/웰빙 등)
서비스	거의 없다	점포확대 제품다양화	배달/진열
판매력	거리	제품력/가격	제품력/차별성
제도		마일리지 도입	고객관리시스템

지역편의점은 일반편의점처럼 하루 종일 개장으로 편의를 제공하는 것이 아니라 현재의 편의점과는 다른 고객서비스를 제공해야 한다. 구매제품의 구입편의성(배달), 신속성(시간제 구입), 청결성(신선제품과 깨끗한 제품취급) 등에 대한 준비가 필요하다.

배달전문점포인 경우

구입편의성이란 주문과 배달체제를 구축해야 하며 주문은 요일별, 주요고객별, 필요제품별 필요일자를 확인하여 배달을 하는 것이다. 즉, A라는 고객이 1주일에 라면 1박스·소주 3병·야채 3,000g과, 한 달에 휴지·치약·샴푸 등의 품목을 구입한다고 하면 정확한 날에 배달 또는 준비를 해놓는 것이다.

신속성이란 시간제로 배달체제를 운영하여 고객이 필요한 시간에 구입할 수 있게 하는 것을 말한다. 청결성이란 모든 제품과 점포에 대한 청소를 수시로 하는 것이며 배달할 때는 깨끗이 닦아서 보내야 한다. 이럴 경우 해당고객은 할인점에 가는 횟수가 감소할 것이며 주요제품의 이용률은 증가할 것이다. 또 고객을 고정고객화하는 데 좀더 빠른 방법이 될 것이다. 점포에는 기존처럼 제품의 종류에는 차이가 없을 수 있으나 진열수량은 많이 감소할 것이다. 따라서 점포는 규모를 축소하거나 창고가 아닌 저장개념으로 변할 수도 있다. 또 배달을 위한 운반시스템과 적절한 아르바이트가 필요할 것이다.

생활용품전문점인 경우

해당지역의 인기제품과 필요제품을 파악하여 제품의 종류를 혁신시켜 고객의 제품사용 욕구를 충족시켜 주어야 한다. 즉, 제품의 변화로 새로움을 느끼게 해야 한다. 커피의 경우 고급커피를 준비하여 일반커피와 혼합한다든지 고급커피의 맛을 제공하여 새로운 욕구를 충족시켜서 매출을 증대시키는 것이다. 또 각종 명품차(茶)를 구비하여 소비자가 찾는 유혹의 포인트로 하고 점차 제품의 종류를 증대시키면 사업화 가능성이 높아진다. 또 샴푸와 목욕용품도 전문제품을 같이 비치하면 소비자의 수준을 한 단계 올려주고 만족도를 증대시킬 수 있다. 물건이 없을 경우에는 주문을 받아두었다가 배달을 한다. 편의성·신속성·청결성은 항상 잊지 말아야 한다.

앞에서 살펴본 두 가지 점포에서 전자의 점포는 20~30대 주부와 커리어우먼이 많이 거주하는 지역이 좋다. 후자인 경우는 40대 이후 중산층 이상이 거주하는 지역의 슈퍼마켓에서 검토해볼 필요가 있다.

식품전문점인 경우는 야채·과일 등 신선제품과 치즈·우유와 가공식품 그리고 점포에서 기획한 제품 및 고급식품을 구비하여 지역고객의 욕구에 부합해야 한다. 이때도 당연히 신속성·청결성·편의성은 잊지 말아야 한다.

슈퍼마켓의 규모가 작으면, 일반식품과 잡화, 생활용품류를 전부 취급하는 것은 불가능할 것이다. 앞으로는 전문화제품을 주로 취급하면서 다른 제품을 구색제품으로 비치해야 할 것이다. 따라서 주요상품만 진열하여 판매하고 그 외의 제품은 필요하다면 주문·배달서비스를 하는 것도 검토할 필요가 있다.

슈퍼마켓담당 영업사원의 변화

슈퍼마켓에 제품을 납품하여 판매하는 영업사원은 어떻게 해야 할까? 그들은 지역관리 조언자(컨설턴트)가 되어야 한다. 영업사원은 제품 배송자, 회사방침 전달자, 수금사원이 아니다. 영업사원은 회사의 이익창출을 위한 전략적 사업단위(SBU: Strategic Business Unit)인 것이다. 즉, 앞으로 영업사원의 역할과 개념 등이 변하지 않으면 우리는 과거와 같은 시행착오를 반복하게 되고 경쟁력은 점점 감소할 것이다.

제안 1. 매점의 분위기가 어떻게 변해야 고객이 더 많이 찾아오는가

→ 점포의 이미지 변화

소비자에게 우리 점포의 이미지를 어떻게 이해시킬 것인가? 슈퍼마켓은 어떻게 인식이 될까? 생활잡화점, 채소 및 과일전문점, 식품점, 일용품점, 반찬점, 생활용품점 등 해당 필요제품 매출액이 50% 이상을 차지하는 경우, 슈퍼마켓이 전문화되어야 하고 또 전문화되고 있다. 여러분의 거래처도 이제 전문성을 가질 시점이다.

제안 2. 고객이 후회 없는 구매를 하게 하려면 어떤 제품 준비와 구입제언을 해야 하나

→ 제품선정 자문기능

같은 지역이라도 제품의 판매수량이나 제품의 크기 등이 다를 수 있고 유사제품이 더 잘 팔릴 수 있다. 현재의 주문은 영업사원이 거래명세표를 건네면 점주가 다시 수량을 정하고 특별한 사항이 있으면 주문을 한다. 특별판매가 있으면 좀더 구매하고 어떤 것은 남으면 반품한다. 또한 신제품 및 광고제품만 선호하는 등 이러한 상황의 반복이다. 제품판매가 편중되어 영업사원도 균형판매를 하는 것이 어려워지고 있다. 이제는 회전율도 좋지만 이익률도 생각해서 제품판매가 균형을 이루도록 거래처를 도와주어야 한다.

제안 3. 판매사원은 어떤 지식과 자세로 고객을 대해야 하는가
→ 서비스맨

이제는 안면판매보다 실력을 갖춘 판매가 더 필요한 때가 오고 있다. 일은 쉽고 시원시원하게 처리하고 제품지식·예의·계산·클레임 처리 등에는 정확한 이미지를 보여서 정확한 사람, 확실한 사람의 이미지를 심어주는 게 필요하다. 얼굴에는 항상 웃음을 띠며 친절한 자세로 고객을 대해야 한다. 필요하기는 했지만 목표달성에 바빠 중요성에서 후순위였던 사항들이 점점 비중이 커지고 현실화되고 있다. 앞으로는 이런 기능이 더욱 중요하게 대두될 것이다.

이상과 같이 과학적인 영업활동을 통해 자기만의 노하우를 갖추고, 활동범위와 역할이 변해야 평생직장이 아닌 평생직업을 가질 수 있는 영업사원이 될 수 있다.

따라서 영업사원은 회사정책 전달자에서 지역상권 관리자로, 제품 판매원에서 제품라이프사이클 관리자로, 유통점 수금사원에서 유통점 수익창출 조언자로 변화되어야 하며 회사에서는 영업사원 양성방법의 대전환이 필요하다.

해당 슈퍼마켓의 상권범위와 소비자 구매패턴, 라이프스타일을 파악하고(지역상권 관리자), 이에 맞는 제품을 선정하고 진열하여(제품라이프사이클 관리자), 슈퍼마켓 주인이 이익을 낼 수 있도록 해야 한다(전략 회계 관리자). 나아가 슈퍼마켓이 어떤 차별화된 이미지를 갖는다면 이에 맞는 조언을 해야 한다.

이와 같이 영업사원은 자신이 취급하고 있는 제품·고객의 욕구·사회의 유행흐름 등에 따라 역할을 변화시켜야 하고 항상 시장을 앞서 나가야 한다.

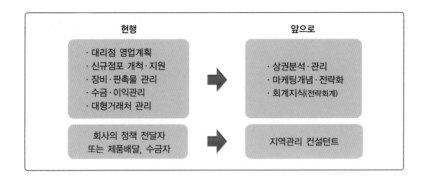

현행		앞으로
· 대리점 영업계획 · 신규점포 개척·지원 · 장비·판촉물 관리 · 수금·이익관리 · 대형거래처 관리	➡	· 상권분석·관리 · 마케팅개념·전략화 · 회계지식(전략회계)
회사의 정책 전달자 또는 제품배달, 수금자	➡	지역관리 컨설턴트

즉, 기존사고나 행동능력에 자기 지역(상권범위)의 특성을 파악·대처할 수 있는 능력(상권장악 능력), 해당상권 내 고객의 구매취향을 검토하여 어떤 상품이 잘 팔리는가를 확인하여 상품을 선정·지원하는 능력(상품선정 능력)을 갖추어야 하고 거래처가 해당상권에서 장사를 하는 데 이익이 발생되는지를 파악·지원할 수 있어야 한다. 만약 이익이 발생하지 않으면 해당점포는 업종을 변경할 수가 있다. 그러면 회사는 판매거점을 잃게 된다. 따라서 이제는 이러한 현상을 방지하기 위한 거래처 이익관리를 점검·자문할 수 있는 전략회계 능력을 증대시켜야 한다.

다른 영업사원의 새로운 컨셉

전문점포의 변화

환경분석

STORE→SHOP : 더욱 전문화·고급화

고객가치: 이제 점포는 제품 및 서비스만 파는 곳이 아니다. 고객은 구입→사용공간→나아가 대화 및 문화의 공간을 필요로 하고 있다.

점포를 개설할 때 잊지 말아야 할 트렌드를 살펴보자. 산업화 초기에는 제1공간인 집이 편해야 했으나 2차산업화에서는 제2공간인 사무실이 편해야 했다. 그러나 이제 3차산업화에서는 집과 사무실의 중간에 있는 이용공간, 즉 머무는 장소인 제3공간도 편하고 즐거워야 한다. 이 제3공간이 바로 점포다. 마트, 찻집, 빵집, 옷집, 서점, 미술관, 영화관 등이 이에 해당된다. 이런 곳이 편하고 즐거워야 한다. 자세한 변화 내용을 알고 싶으면 스타벅스 커피숍, 더페이스샵, 총각네야채가게, ABC신발마트 등을 찾아가서 확인해보라.

소형 슈퍼마켓과 편의점, 다방과 커피숍, 문구점과 팬시점 등은 같은 상품의 종류를 파는 점포지만 점포의 분위기나 조명, 실내장식, 서비스 등이 모두 다르다. 요즘의 소비자들은 어느 곳을 더 선호할까? 대부분 후자의 점포를 찾는 소비자가 증가하고 있다.

우선 간판의 크기나 색상 그리고 디자인에서 실내장식, 조명, 각종 집기모양 및 진열상태 등이 소비자를 유인하도록 꾸며져 있다. 이를 일반적으로 '컨셉숍(어떤 이미지를 갖고 있는 점포)'이라고 한다. 요즘은 이렇게 개념이 있는 상점으로 변화되고 있는 추세다. 즉, 점포의 이미지와 상품특징을 소비자에게 확실히 알려 필요한 소비자가 오게 하는 것이다. 두 번째로는 소비자의 선호도와 구매패턴에 맞는 제품으로 구성하여 소비자가 오고 싶도록 해야 한다. 이 두 가지 요인에 의해 점포를 재구성해야 한다. 전자는 소비자의 미충족욕구를 미리 파악하여 대응하는 것이고 후자는 소비자의 잠재욕구를 자극하여 필요한 것을 제공하는 것이다.

여기서 영업사원이나 점주들이 우선 확인해야 할 사항은 현재 거래하고 있거나 운영하고 있는 점포의 매출이 하락한다면 우선고객의 욕구확인과 점포 분위기에 대한 검토를 해야 한다.

문구점과 팬시점을 비교해보자.
- 문구점: 제반 문구류 취급.
- 팬시점: 문구류 중 디자인·색깔·그림이 독특한 문구류 취급.

문구점과 팬시점의 특징 비교

구분	문구점	팬시점	비고
상품종류	다양	문구점보다 적음	팬시점: 문구점 미취급 상품취급
상품량	종류별로 적당량	종류별로 많음	
주 고객	일반소비자	10~20대층	
진열상태	혼잡	정돈됨	
청결성	먼지가 있음	깨끗함	
실내 분위기	복잡하고 어두운 감	깨끗하고 밝은 감	
가격대	중·저가	중·고가	
접객서비스	문의하여 상품선택 가능	상품문의가 어려움	
기타서비스	친절함	포장이 잘 됨	

위와 같이 두 점포는 언뜻 보기에는 비슷한 것 같지만 서로 다른 이미지를 보이고 있다. 최근에는 10~20대가 문구점의 주 소비자 층으로 부각되고 있어 이들을 위한 점포로 탈바꿈하고 있거나 할인점으로 변화되거나, 또는 여러 제품을 같이 취급하는 복합점의 성격을 띠고 있다. 영업사원이나 점주는 해당점포의 매출증대를 위해 문구점과 팬시점의 특징을 검토하여 현재 점포의 특징, 상품종류, 대고객서비스 방법

등을 재검토하여 변화하는 것이 필요하다.

커피숍의 컨셉은 어떤가? 집의 실내처럼 편안한 개념을 선정하여 거실과 같은 분위기를 연출시킨다(심플하고 우아한 분위기). 의자와 탁자는 응접세트를 그대로 배치하고 찻잔도 심플하거나 우아한 분위기를 나타내는 것으로 하여 마치 고급호텔에서 친구나 손님을 만나는 것처럼 연출하여 커피값도 비싸게 받는다. 어떤 곳에서는 인터넷서비스는 물론 제과류를 판매하기도 한다. 최근에는 자유로운 분위기와 대화의 장소로 이용되고 맛있는 커피를 제공하는 대형커피전문점이 시장잠식을 가속화하고 있다.

점포개념 재정립(안)

영업사원이나 점주가 해당점포의 매출개선을 위해(즉 상권을 장악하기 위해) 현재 점포의 상태를 정확히 분석한 다음, 매출의 획기적인 증대 또는 이미지의 개선이 필요하면 점포의 개념정립, 경영방향, 특징, 분위기, 상품종류, 대고객서비스 방법 등의 재검토가 필요하다.

유통점이 낙후하여 점포업종이 바뀔 수도 있고 중간에 그만둘 수도 있다. 그러나 여태까지 거래한 점포가 다른 업종으로 바뀐다면 매출감소는 당연한 것이고 지금까지의 노력이 사라져버릴 것이다. 따라서 해당점포가 사업이 잘될 수 있도록 가르쳐주든지 아니면 잘될 수 있는 방향으로 변화하도록 지원하여 거래를 더욱 강화하는 방법이 있다. 나아가 앞으로 유망점포에 대한 정보를 교환하다 보면 신규점포를 거래처로 만들 수 있는 확률도 높아질 수 있다.

이제는 소매점포들이 변화할 때가 왔다. 슈퍼마켓도 바뀌어야 한다. 점포의 좋은 이미지를 소비자에게 심어주어야 한다. 이외에 매출이 줄

어든 점포, 지물포, 정육점, 서점, 비디오대여점, 제과점 등 많은 점포
가 변하지 않으면 매출감소현상은 계속될 것이다. 제과점과 정육점은
어떻게 변화되어야 하는가? 또 주유소의 변화방향은? 결론부터 말하
면 제과점과 정육점은 맛에 따라 소비자가 좌우된다. 따라서 맛을 간직
한 집, 맛을 창출하는 집, 즉 델리샵(Delishop)이 되어야 한다.

델리샵은 소비자에게 즐거운 맛을 전달해야 하는 곳이다. 이렇게 하
기 위해서는 점포 이미지나 실내 분위기에서부터 맛을 느끼게 해야 하
며 여러 가지 소스와 향과 재료의 차별화로 상품의 맛을 다르게 해야
한다. 독특성을 강조하고 조리법도 소비자에게 소개하면서 소비자와
같이하는 맛있는 집이 되어야 한다. 정육점인 경우 점포 분위기를 개방
식으로 바꾸어야 하는데 점포의 제품이 잘 보일 수 있도록 하기 위해
유리를 많이 사용하고 실내 분위기를 따뜻하고 밝게 해야 하며 주인은
항상 미소를 띠면서 소비자의 기호에 맞추어야 한다. 즉, 백화점의 정
육코너처럼 진열하고 고객응대가 변화되어야 한다.

각 전자회사의 생활가전대리점은 지역 전기기구편의점으로 변하여
지역주민에게 각종 서비스(전기기구 수리, 생활가전 수리 및 이용안내) 등을
제공하면서 지역주민들의 전기기구와 관련된 사항도 문의받고 또 문제
해결을 통해 신뢰를 쌓으면서 소비자에게 필요한 제품을 모두 취급(해
당 회사제품이 아닌 다른 제품도 취급)함으로써 지역주민을 고객화해야 매
출을 유지할 수 있다. 얼마 전부터는 은행의 돈거래를 자동으로 할 수
있는 ATM기계, 동사무소의 일 중에서 간단히 처리할 수 있는 일 등을
자체 점포에서 처리하게끔 하여 생활편의점으로 탈바꿈하고 있다.

앞에서 얘기했듯이 유통시장이 변화하면서 유통점이 낙후하여 점포업
종이 바뀔 수도 있고 중간에 그만둘 수도 있다. 특히 지금처럼 유통시장

점포개념의 변화(안) STORE ➡ SHOP: 더욱 전문화·고급화

기존점포	점포개념의 변화	
편의점	생활편의점	식품·잡화류 ➡ 대용식·배달·요금수납 등 편의성 더욱 강화
주유소	가스 스테이션	마진축소, 경쟁심화 ➡ 채산성 강화 ➡ 차량편의점 (지역고객 관리: 경정비, 세차, 편의점 및 기타)
가전대리점	가전전문점	할인점, 카테고리 킬러 등으로 경쟁력 약화 ➡ 모든 가전취급, 지역전기, 전자관련 상담(지역 전기제품편의점)
미용실	머리관리점	소득 및 생활의 변화: 전체적인 미의 관리 필요 ➡ 미의 총괄점(뷰티샵: 머리·피부·얼굴 등)
화장품판매점	화장품판매	경쟁격화: 채산성 악화, 가격경쟁: 피부상담 도입 ➡ 마사지, 피부관리 상담 ➡ 미용관련 재료공급
정육점	고기판매	수입육 진출, 대형점포의 육류판매: 채산성 악화 ➡ 고기 맛있게 먹는 정보제공(고기 델리샵: 소스개발 등)
서점	서적판매	소비자의 정보욕구 증대: 다양한 정보제공자료 필요 ➡ 점포의 대형화(종합정보제공점)
슈퍼마켓	종합생활용품	생활용품의 제공: 점포감소, 수익성 악화 ➡ 여러 가지 전문제품을 판매하는 종합점포(전문생활편의점)
약국	건강지원담당	주민들의 건강에 대한 전문적 상담과 전문약품 취급 (지역건강상담소)

의 변화는 성장세를 거듭하던 백화점의 매출이 감소하고 출범한 지 몇 년 안 된 홈쇼핑의 매출이 급성장하여 다른 유통채널보다 선호하는 채널이 되었다. 최근에 LG25, 세븐일레븐, 바이더웨이 등 많은 편의점을 볼 수 있는데 이들의 판매제품을 보면 동네 구멍가게에서 파는 것도 팔고 또 책·잡지·신문 등도 판다. 어떻게 보면 화장품가게의 축소판 같기도 하다. 여기에서는 꽃배달, 소화물배송, 세탁물접수, 전기요금수납 등 매우 다양한 서비스를 제공하고 있는데 이를 1개 점포 내에서 전부 하고 있다. 편의점은 왜 이렇게 다양한 사업을 할까? 그것도 24시간 동안. 그것은 소비자가 단지 구매활동을 넘어서 생활이 편리하도록 지원하는 것이다.

영업사원이나 점주가 필히 해야 할 일은 해당점포를 어떻게 고객에게 알려서 정착시키는가 하는 것이다(Image Positioning). 어느 하나라도 선택하여 해당상권 내에서 최고의 이미지를 갖추도록 노력해야 하며, 꼭 명심해야 한다. 혹시 점포를 새로 개장할 경우에 이를 먼저 결정하고 시작해야 실패율을 감소시킬 수 있다.

음식점은 맛이 좋아야 한다. 맛이 좋으려면 조리방법도 중요하지만 각종 양념 또는 소스가 중요하다. 이것을 개발하도록 다양한 음식점을 다니든지, 시골의 장맛이 좋은 집을 찾아가 전수받든지 해서 계속 구매할 수 있는 라인을 구축해 맛의 지속성을 유지해야 한다.

위와 같이 점포개념이 정립되어 지역 내에서 차별화가 되고 할인점으로 가는 소비자를 해당점포로 찾아오게 하는 것이 가장 중요하다. 그러나 우선 개념정립 이전에 점포의 차별적 요소를 갖추는 것이 더 급하고 중요하다. 따라서 이의 실천이 먼저 실행되어야 한다. 즉, 제안형 영업을 통해 실제 소비자의 욕구를 확인한 후 제품개념도 확실히 정립하여 지역의 독특한 점포로 탈바꿈해야 한다.

일반영업사원의 변화

여행사 영업담당

고객이 여행을 하는 목적은 쉬러 가거나 쇼핑을 하거나 구경을 하기 위한 것이다. 아니면 이 세 가지가 적절히 혼합되는 경우도 있을 것이다. 우리는 이들 고객을 어떻게 관리해왔는가? 여행사 고객대장은 있는가? 있으면 몇 명이 기재되어 있는가? 연락처, 여행 후 소감, 소비비용, 앞으로의 여행계획, 기타 회사가 필요한 사항은 기재되어 있는가?

별로 없다. 없다면 올해도 여행객 모집을 위해 신문에 광고를 하고 가격중심의 판매를 할 것인가? 그리고 하루하루 바쁜데 이익을 발생시키기가 어렵다고 푸념만 하고 있을 것인가? 여행객이 미리 정해지면 물론 좋다. 기존고객을 분석하여 올해 여행계획 여부를 체크하고 여행 목적별로 구분을 해서 행선지 및 예산과 일정을 확인하면 예상고객이 정해질 것이다. 이렇게 하면 광고를 하지 않고도 어느 정도 여행객을 모집할 수 있고, 광고비를 줄여 고객에게 품위 있는 여행을 선사할 수 있다. 그리고 회사의 이익이 증가하여 회사의 경영에 도움이 될 것이다.

이러한 전략이 필요한 때가 아닌가? 영업사원의 경우, 예를 들면 쉬러 간다는 고객과 대화를 하여 고객의 욕구에 맞는 장소를 선택해주면 해당고객에게는 가장 좋은 여행이 될 것이다. 필요 시 그룹을 만들어 보내도 될 것이다.

이때 영업사원은 어떠한 자격요건을 갖추어야 할까? 우선 해당지역의 전문가가 되어야 하고 쉬는 방법을 많이 알아야 하며(잠만 자면서 쉴 것인지 해양스포츠를 즐길 것인지 맛있는 음식을 매번 준비해야 하는지 등) 기타 여행에 필요한 사항에 대해 조언을 해주어야 한다.

그러면 영업사원은 어떻게 변해야 될까? 아마도 이들은 여행컨설턴트가 되어야 할 것이다. 그러면 회사는 무엇을 더 가르쳐야 할까? 영업사원 본인은 어떠한 공부와 노력을 해야 할까?

단순히 여권과 비자를 만들어주고, 비행기표를 예약해주고, 여행안내만 한다면 이는 본인에게도 그리 생산적인 일은 아니다. 몇 번만 하면 숙달이 되어 발전성도 별로 없다. 이럴 경우 회사는 고정직보다 임시직을 고용할 것이고 회사 나름대로는 해당 일을 반복하면서 수익을 발생시키면 된다. 따라서 해당 사업방법은 그리 어려운 것이 아니다. 게다가 경쟁사의 시장진입이 쉬워 경쟁은 점점 치열해지고 채산성은 떨어질 것이다. 이제는 좀더 많은 부가가치를 창출할 수 있는 전략이 필요하다. 따라서 단순히 여행소개자가 아닌 여행안내자가 되어야 할 것이다. 그러므로 직원을 키워야 한다. 그리고 국가별·지역별·여행방법별로 전문담당자제도로 바꾸어 봉급도 고정급 50%, 자체 활동수익 50% 등으로 구조를 바꾸는 등 여러 가지 전문여행안내회사로 변신을 해야 한다.

호텔, 리조트 영업담당

매년 콘도를 이용하는 회원이 많다. 그런데 리조트 측에서는 시설을 이용하러(숙박하러) 찾아오는 사람들에게 무엇을 해주었는가? 예약 이외에 해준 것이 무엇이 있는가? 그러면서 객단가를 증대시키려 한다. 콘도에 와보면 비용을 사용할 만한 곳도 별로 없고 또 쓰고 싶은 생각도 나지 않는다. 그런데 객단가가 증가하겠는가?

매년 찾아와도 새로움을 느끼도록, 충분히 여가시간을 즐기도록 해야 한다. 객실 분위기도 바꾸고 객실 내에서 즐기는 놀이도 개발하고 외부활동에서는 다양한 코스를 제공하여 즐거움을 배가시키도록 해야 한다(여가시간 관리자의 역할).

호텔 판촉사원은 교육이나 회의참석자, 숙박자, 특별행사 참가자들에게 이용만족도 조사 또는 이용패턴을 분석하여 고객의 욕구를 계속 관리하고 자주 이용하도록 해야 한다. 필요시 전화를 하거나 아니면 직접 찾아가서 호텔이용의 유용성, 시간의 절약, 행사효과 증대 등을 가르쳐주어 필요한 장소로 인식되도록 해야 한다(시간관리 조언자의 역할).

또한 고객에게 어떤 이득을 줄 수 있는지를 먼저 검토해보아야 한다. 고객에 대한 이득이란 고객의 시간을 잘 할애하여 여가의 기쁨을 배가시키는 것과 적은 비용과 시간을 할애하여 스트레스를 해소시키는 것 그리고 보다 풍요롭고 편리하게 여가를 지내는 방법을 제공하는 것 등이다.

　그리고 필수적으로 마케팅과 시장변화 추세를 확실히 이해하고 있어야 한다. 그래서 어떤 직업의 어떤 고객이 우량고객이 될 것인가를 파악하고 그들을 관리하는 자기만의 고객만족시스템을 갖추어야 한다. 그 외 필요한 지식이나 내용은 아래 표의 내용을 참고하면 된다.

영업사원의 변화와 필요충분조건(예: 여행사·콘도·호텔 등 여가시설)

	제1세대 영업방법	제2세대 영업방법
영업환경	· 매스광고에 의한 대량판매(단체중심) · 이질적/개성 복구대응 · 상품성/종류	· 개인소득 증가(개인중심) · 품질/서비스의 중요 · 부가가치 욕구
기본방향	· 영업방법 전문화	· 시간과 여가 관리자
기본개념	· 프로 세일즈맨	· Value Creation Consultant
영업활동 및 관리 포인트	· 제품지식, 대인관계 · 수금관리, 경쟁정보	· 고객의 재정의 · 시장수요 파악능력과 대응(헤비유저와 　라이프사이클) · 마케팅 마인드와 상품 라이프사이클 　관리와 창출(아이디어)
필요지식	· 상품지식 · 상장설명 방법 · 거절 및 클레임 처리 · 수금 및 거래처 관리 · 경쟁사 정보수집 · 회사 영업방침 전달	· 시장상황 대응능력 　-고객 니즈와 시장변화 간파 　-고객특성과 선호도 관리 　-헤비유저 관리기법 　-미거래시장 침투 · 마케팅 마인드와 시장관리 능력 　-호텔(서비스) MKT의 재인식 　　(지식, 자세, 상품, 서비스) 　-고객밀착상품 개발(여름, 겨울) 　-상품 포트폴리오 분석과 시장대응 · 관리회계 개념정착 　-개인별 목표와 이익관리 　-개인별 시간관리와 고객관리
필요자세	적극적, 능동적, 경험적	논리적, 경쟁적

벽지, 인테리어소재 영업담당

인테리어, 벽지, 바닥재, 가구, 커튼 등 집안 또는 사무실 내의 분위기를 판매하는 사람들은 어떠한가? 지금은 분위기를 판매하는 것이 아니고 이익이 많은 제품 혹은 회사의 정책제품을 파는 것에 치중한다. 아니면 오로지 가격경쟁으로만 판매하는 것이다. 그러나 제품의 가치, 만족도 등에 대한 소비자의 관심은 점점 높아지고 있다.

따라서 상기 제품판매자가 고객이 만족할 수 있는 분위기를 창출하고 나아가 제품선정에 대한 제품가치를 인식시키고 선택하도록 한다면 고객은 어떠한 생각을 할까?

상황 1 점포에 벽지를 구입하려는 부부가 왔다. 이들은 벽지를 모아놓은 여러 가지 책자를 들추어 보면서 자기 집에 맞는 것 세 가지를 선택하고 가격을 확인한 후 구입하였다. 점포주인이 한 것은 가격을 알려주고 벽지를 잘라준 것이다.

상황 2 벽지를 선택한 부부에게 아이들은 몇 살인지 그리고 주택구입 유무와 임대사항 등을 확인한다. 그런 다음 벽지 하나는 아이들이 낙서를 하면 지워지지 않는 것이고 또 하나는 임차기간 내에 충분히 활용이 가능한 벽지라는 것 등을 가르쳐준다. 그러면서 현재 선택한 것 이외에 몇 가지를 더 추천하고 분위기, 가격, 내구성 등을 확인하고 고객이 선택하도록 해주었다.

상황 1, 2에서 앞으로 고객이 다시 찾아올 가능성이 높은 점포는 어디일까? 거의가 상황 2를 선택할 것이다. 그런데 현실에서는 1의 상황이 더 많다. 이는 벽지가게를 운영하지만 인테리어에 대해서는 잘 모르는 경우다. 앞으로 벽지가게를 경영할 계획이 있는 사람들은 인테리어 기본교육을 받아야 하며 영업사원은 그 이상의 지식을 갖추고 있어야 한다. 나아가 인테리어 전문가가 되어 인테리어 전·후와 인테리어 시에 필요한 사항을 가르쳐주어 점포가치를 증대시켜야 한다.

주유소 영업담당

주유소는 어떻게 변화되어야 하는가? 휘발유나 경유를 넣는 곳, 이 개념을 변화시켜야 매출이 증가하고 이익창출도 가능하다. 즉, 주유소는 차량편의점이 되어야 한다. 차량이 주유소에 자주 오도록 만들어서 올 때마다 다른 매출도 동시에 증가하도록 해야 한다. 휘발유도 넣고, 엔진오일도 넣고, 차량세차도 하며, 필요시 간단한 경정비와 차량관리 요령도 가르쳐주면서 소비자가 집이나 회사 주위에서 언제나 부담 없이 차량에 대해서 상의하고 점검받을 수 있는 곳으로 만들어야 한다. 즉, 고객이 주유소에 자주 들르게 하여 실제로 찾아왔을 때 휘발유를 넣고 가게 해야 한다(엔진오일이 필요할 때, 차에서 소리가 날 때, 지방으로 장기간 운전할 때 등 자주 들를 수 있는 곳이어야 한다). 해당상권 내에서 이렇게 사업을 하면 고정고객을 확보하고 유지하는 데 지름길이 되며 주유소의 고정매출에 기여하게 된다. 현재 이렇게 변화하고 있는 추세다. 주유소 영업담당은 고객관리 전문가가 되어야 한다.

컴퓨터 소프트웨어개발 영업담당

좀 오래전 이야기지만 어느 의류회사가 소프트웨어개발 담당자에게 마케팅분야 프로그램개발을 의뢰하여 납품을 받았는데 담당 마케팅과장이 어떻게 활용하는지를 몰라 답답해한다는 말을 들은 적이 있다. 그

당시에는 이런 말이 종종 거론되곤 했다. 소프트웨어 개발자들이 자기 중심으로 개발을 하기 때문에 실제업무에 활용하거나 자료를 이용할 때 따로 교육을 받아야 하므로 이에 적응하는 데 시간이 걸린다는 것이다. 시간절약과 정보활용을 목적으로 개발을 의뢰했지만 도리어 짐이 된다는 이야기다. 그 후 업무담당자와 개발자들 간의 의견이 상반되고 활용에 대한 논쟁이 종종 있었다. 그 당시는 컴퓨터가 도입된 지 얼마 안 되어 서로를 모르는 것이 맹점이었다. 만약 이런 사례가 지금 나타난다면 어떻게 될까?

지금 이런 사례가 나타나면 해당용역은 실행되기 어려울 것이다. 그리고 소프트웨어 영업사원은 자격이 없는 것으로 판단될 수 있다. 즉, 고객이 원하고 고객에게 이익이 되는 소프트웨어가 개발되어야 하는데 프로그램의 장점에 대한 설명만 할 뿐, 실제 해당회사 마케팅업무를 모르니 깊이 있고 도움이 되는 이야기를 할 수가 없는 것이다. 예를 들어 "그런 경우는 현재로서는 만족을 시켜줄 수 없으니 개발된 내용대로 응용을 해야 합니다" 또는 "그러한 문제를 해결하려면 10일 이상이 소요될 것 같습니다" "현재로서는 해당비용으로는 최상의 노력과 기술을 활용한 것입니다" 등의 이야기가 오간다면 해당 개발회사는 앞으로 수주를 하기가 어려울 것이다. 고객의 문제도 해결하지 못하는데 어떻게 운영소프트웨어를 개발해줄 수 있겠는가? 운영소프트웨어의 도입·활용의 목적은 경비절감, 시간절약, 효율 및 효과증대 등이어야 한다. 즉, 고객의 이익과 문제해결을 더욱 증대시키는 것에 목표가 명확히 정해져야 한다. 이에 대한 제안과 역할을 할 수 없다면 해당영업은 할 수가 없는 것이다. 따라서 최근의 영업사원의 역할은 변하여 이제는 고객의 문제해결과 이익증대에 도움이 되는 제안과 실행을 해야 하기 때문에 솔루션 세일즈맨이라는 역할이 새롭게 정립되었다.

이와 같이 영업사원은 예전과 같은 영업방식으로는 고객을 확보하는 데 어려움이 있다. 그리고 매번 같은 방식과 내용의 일을 반복함으로써 발전에 한계를 보인다. 따라서 회사는 해당업무에 일정 연수만 지나면 봉급을 올려주는 것보다 새로운 신입사원을 채용하는 경우가 더

영업사원의 역할변화 추세

	제1세대 영업방법	제2세대 영업방법	제3세대 영업방법
영업환경	· 위생적/신선함 · 맛/가격 · 상품성/종류	· 맛의 추구(질적 강화) · 신선함/상품 다양성 · 맛의 창조 시작	· 맛의 창조 · 자기집의 맛 보유 · 독창적 상품개발
기본방향	· 영업방법 전문화	· 맛과 가치관리자(전달자)	· 맛의 창조자
기본개념	· 프로 세일즈맨	· 지역 마켓 컨설턴트	· 맛의 창조와 아트(테크닉) 　컨설턴트
영업활동 및 관리 포인트	· 상품지식, 대인관계 · 수금관리, 경쟁정보	· 지역시장 수요파악과 　대응 · 마케팅 마인드와 상품 　라이프사이클 관리	· 지역시장 데이터베이스화 · 소비자 니즈와 상품관리 · 지역시장 변수 노하우 축적 · 거래처 경쟁전략, 수지개선 　가격인하 시행 　(물류, 유통, 재고관리 등)
필요지식	· 상품지식 · 상품설명 방법 · 거절처리 및 클레임 　처리 · 수금 및 거래처 관리 · 경쟁사 정보수집 · 회사 자산관리 및 방침 　전달	· 지역상권 분석 　－시장규모와 변화추세 　－소비자 특성과 선호도 　－거래처별 주요고객 확인 　－미거래시장 침투 · 마케팅 마인드와 상품 　전략 　－마케팅개념 　－해당시장 구매유형과 필요 　상품 선정·판매 　－상품 포트폴리오 분석과 　시장침투, 유지, 방어 · 거래처 채산분석 　－R.O.I 및 B.E.P 분석 　－전략회계개념	· 제품지식 · 마케팅 컨셉 　(감성마인드) · 고객관리 · 시장분석 능력
필요자세	적극적, 능동적, 경험적	논리적, 경쟁적	체계적, 과학적, 감성적

유리할 수도 있다. 영업사원은 반복되는 단순업무가 아닌 자기만의 업무 노하우를 가지고 있어야 한다. 자기능력을 계발하는 것만이 자신의 경쟁력이 키우는 것이다.

이제 고객담당 영업사원의 새로운 역할 즉, 컨셉은 정립이 되었다. 그러면 어떻게 자신의 실력을 갖추어야 하는가? 그 실천과 활용이 가장 중요한 것이다.

이와 같이 영업사원은 자신이 취급하고 있는 제품과 고객의 욕구 및 사회의 유행흐름 등에 따라 역할을 변화시켜야 하고 항상 시장을 앞서 나가야 한다.

산업재 영업사원의 역할변화

정의

소비재나 중간재 형태인 제품 또는 서비스를 생산·판매하는 회사에 그 원료나 기초제품을 판매하기 위해 형성되는 시장이다.

특성

최종소비재를 생산하기 위한 목적으로 구매하며 회사 내 사용자와 구매자가 다른 경우가 대부분이어서 구매결정에는 관련된 다수의 사람들이 참여한다. 또 구매금액이 높은 것이 많아서 구매제안, 구매계약 등의 절차가 필요한 경우가 많다.

소비재시장과 차이점

소수의 구매자가 대량 또는 큰 액수로 구매하는 형태를 띠며 특히 전문적인 구매형태를 나타낸다. 그리고 정기적인 구매도 있지만 비정기적 또는 단발성 구매도 있다. 어떤 제품의 경우 소비자수요가 감소하면 같이 감소하는 유발수요현상도 나타난다. 수요의 비탄력성이 높은 것도 주요한 차이점이다(부품가격이 상승했다고 차량가격이 오르는 것은 아니다). 이와 같이 영업환경이 소비재와 다른 현상을 나타내어 영업방법도 다르다.

산업재 구매행동 모델

환경		구매기간	구매자 반응	대리점 도매상	소매점
· 제품 · 가격 · 유통 · 판촉 · 기타	· 경제 · 기술 · 정치 문화 · 경쟁 상황 · 기타	· 구매형태 · 구매의사 결정과정 · 대인관계 및 개인별 영향 요인 · 조직의 영향 요인	· 제품, 서비스 · 공급자, 주문량 · 배달조건, 시기 · 서비스 조건 · 대금지불 조건	· 판매규모 · 결제조건 · 시장침투 능력 · 판매시장 조정능력 (우량거래처) · 대리점장의 능력과 영업사원의 능력	· 판매규모 · 위치 · 거래상황 · 주요거래처 · 취급상품 수 · 판매방법 · 점포장의 능력
· 기존 영업사원의 역할			· 딜러 도움 능력 · 시장장악 능력	· 회사의 인지도 · 마케팅전략 차별화 · 회사의 경영능력	

최근의 산업재 영업사원의 역할변화

일반적으로 영업사원들은 판매를 위해 제품설명과 제품의 이점 등을 자세히 이야기하고 납득시키는 능력을 발휘하여 판매에 성공하였다. 또는 자사제품과 기술이 좋아서 구입 후의 이점을 자세히 설명하는 탁월한 실력을 보여주었다. 그런데 이제는 이런 내용들이 비슷하여 구매자들을 설득하는 데 그다지 효과를 발휘하지 못한다. 고객이 원하는 내용이 바뀌고 있는 것이다. 제품의 이점이나 특징보다는 우리회사에 얼마나 도움이 되고 이익을 발생시키는 데 공헌이 되는지가 더 중요하다. 제품에 별다른 것이 없다면 가격할인밖에 방법이 없을 것이다. 가격할인은 가장 쉬우면서 가장 어려운 영업방법이다. 흔히 하는 말로 할인을 해주면 구매를 하지 않을 사람이 어디 있겠는가?

어떤 설비회사 영업사원은 제품보다(제품품질은 비슷하다고 생각하고) 실제 제품사용 시 파악할 수 있는 활용도나 이익 그리고 경비절감 등에 대하여 설명을 하였다. 즉, 고객이 필요로 하는 욕구에 적합한 대안을 제시한 것이다. 구매 시 가격할인, 저렴한 구매보다는 구매 후 얻을 수 있는 부가가치, 활용도, 이익의 설명 등을 통해 구매자에게 실제적인 이익을 제공하여 판매를 성공시켜야 한다. 이러한 방법을 솔루션 세일즈라고 하며 이제는 솔루션 세일즈맨이 되어야 한다. 그러려면 알아야 할 지식, 설명방법, 가치사슬 분석 등 새로운 공부를 더욱 많이 해야 한다. 솔루션 판매방법과 모델은 여러 가지가 있겠지만 이해를 돕기 위해 항공기엔진 판매에 대한 영업사원 모델의 변화에 대한 예를 검토해보았다(예: 고객의 성과향상을 위해 고객의 조직이나 프로세스 등을 변화·개선시키는 비즈니스 모델).

롤스로이스: 항공기엔진 판매사업

항공사의 성과기준 변화: 기능이 우수한 엔진확보→엔진사용의 프로세스가 효율성으로 이전.

즉, 항공사의 성과는 출력 좋고 견고한 엔진확보보다는, 효율적인 엔진사용을 통한 전체적인 생산성 증대에 있다.

단계 1. 항공사의 가치사슬 파악

항공기 구매→비행스케줄링→판매/마케팅→운항→유지/보수 등을 중심으로 고객의 문제점 확인.

단계 2. 가치사슬별 문제점과 해결방안 또는 지원방안 연구

- 구매단계: 엔진의 초기구입에 많은 비용이 소요.
- 스케줄링단계: 엔진의 과다 또는 과소사용으로 생산성 저하 또는 비용상승 유발.
- 운항단계: 연료비 과다소모.
- 유지/보수단계: 갑작스런 엔진성능 저하 및 고장 등으로 운행차질 발생.

단계 3. 사업방법을 새롭게 전환

- 해결방안: '엔진판매' 라는 사업모델→'시간당 동력판매' 로 전환. 항공사에 엔진을 리스하고 사용시간별로 대금을 지불받는 모델수립 및 활용.
- 결과: 초기 구입비용 부담 절감.
  컨설팅서비스 제공: 효과적인 비행계획수립, 비용효율적인 엔진 사용 방법 등에 대한 전문엔진 유지 및 보수서비스 실시-고객회사에 상주인력 파견.

  (자료원: 〈솔루션 비즈니스 이렇게 준비하라〉, LG경제연구원, 2006. 9. 27)

위와 같이 영업사원이 거래회사의 업무내용이나 업무가치사슬 등 다양한 내용을 습득하여 자사제품이 실제로 어떠한 영향과 효과를 제공할 수 있는지를 정확히 설명하여 성공한 사례다. 이렇듯 영업사원의 역할과 회사가 할 일이 변하게 되었다. 종합적이고 분석적인 지식노하우를 필요로 하는 기업 등이 주요 대상고객이며, 정보나 지식을 창출·수집·분석하는 역량을 확보하는 것이 성공의 핵심관건이다. 이제 당신도 변해야 할 것이다. 솔루션 세일즈맨으로.

앞으로의 영업사원의 변신 컨셉

현재의 영업사원 역할
· 제품지식, 설명, 배송
· 대인관계, 수금
· 적극적 사고

앞으로의 영업사원 역할
· 이익증대 방법 제시
· 제반자원 활용방법 지원
· 서로 Win Win 하는 방법 모색

영업활동 관리포인트
· 매출액
· 상품지식 습득력
· 수금능력
· 대인관계 능력
· 경쟁 및 시장정보 파악 및
  분석능력

영업활동 관리포인트
· 매출액 + 이익액
· 거래처 현황파악과 관리
· 다양한 이익창출 마인드
· 거래처 이익증대 지원
· 문제해결 능력 보완
· 다양한 고객설득 방법 연구

주 능력
· 상품지식
· 고객접근 및 상품설명 방법
· 거절 및 클레임 처리
· 수금 및 거래처 관리
· 경쟁사 동향 조사
· 시장 및 고객 구매동향
· 회사 영업방침 전달

주 능력
· 프리젠테이션 능력
· 시장파악 및 대응
· 마케팅계획과 실행
· 가치사슬 파악 및 이익관리
· 자원조합 및 활용능력
· 문제해결 분석능력

부수능력
· 회사 자산관리
· 전표정리 및 장부마감
· 재고관리
· 부실채권 관리
· 기타

부수능력
· 재무제표 작성 및 활용
· 진열과 POP활용
· 거래처관리 및 자산관리
· 재고관리
· 비즈니스 개념

필요자세
· 적극적, 능동적
· 순발력, 대인관계

필요자세
· 논리적, 문제해결 능력
· 대인관계, 마케팅 마인드

프로 세일즈맨의 정의는 누구나 똑같이 인식할 것이다. 그러나 이제는 적극적인 사고와 의욕 등 영업사원의 정신자세에 제시된 사항만으로 프로 세일즈맨이 될 수 있는 시대는 아닌 것 같다. 그 역할이 변화되어야 한다. '팔 수 있다'고 부딪쳐봐야 오히려 상대방을 놀라게 하고 당황하게 할 수 있다. 해당 거래처가 현재 어떤 영업환경에 있으며 앞으로 어떠한 변화가 있을 것인지를 논리적으로 이야기하면서 상대에게 제공할 수 있는 이익을 확실히 가르쳐주어야 한다. 제품품질, 유사한 서비스 제공, 가격할인 등 해결해야 할 변수들이 많다. 그러나 이런 상황에 직접적으로 대응해서 해결하는 것은 너무 쉽게 해결하려는 자세라 할 수 있다. 이외에 더 크고 많은 이익을 제공할 수 있는 변수가 다양하다. 신뢰할 수 있는 정보를 제공하고 실천할 수 있는 제안을 통해 상호이익이 되는 영업방법이 필요하다. 따라서 기본적으로 해당고객의 욕구, 회사에 제공되는 이익, 제반환경 분석을 통한 이익증대 방안이 제시되어야 한다. 이를 위해서는 첫째, 고객의 실제적인 미충족욕구나 불만사항을 정확히 파악하고(품질, 가격, 내구연수, A/S) 둘째, 해당 필요사항을 중심으로 한 가치사슬을 분석하며 셋째, 가치사슬의 역할과 해결방안을 파악하고 넷째, 고객의 입장에서 선택할 수 있는 대안을 제시하여 고객이 결정할 수 있게 상황을 제공하는 것이다. 그리고 구매 후 어떻게 변하는지를 보여주라. 또 얼마나 이익이 되며 이익을 달성할 수 있는지도 확인시켜 주어야 한다.

제품 및 서비스의 특징에 따라 영업사원의 역할이 달라서 미래 영업사원의 컨셉은 여러 가지로 나타날 수 있다(이익관리 컨설턴트, 솔루션 세일즈 및 컨설턴트, 지역관리 컨설턴트 또는 컨설팅 세일즈 등). 그러나 공통적으로 해야 할 일은 거래처에 이익이 될 수 있는 것, 거래처의 판매에 더욱 도움이 되는 것, 거래처에서 사용하는 비용을 절감하게 하는 것 등을 정확히 제시하는 것이다. 앞으로 갖추어야 할 필수능력은 발로 뛰는 것이 아니라 매우 어려운 일이지만 머리를 써야 한다. 활동의 목표는 제품의 수주를 받는 수주형이 아닌 수요를 창출하는 영업형태가 되어야 한다.

영업사원 역할 변화 달성의 필요충분조건

영업방법을 외국에서 도입해 한국에 정착시키려는 회사들이 있다. 따라서 어떤 회사는 관리자급 이상의 직원이 외국 현지를 방문하여 실체를 확인하고 또 다양한 교육자료를 만들어서 교육하는 등 제안영업체제를 정착시키기 위해 노력을 하고 있다. 그런데 이 노력은 매우 어려운 것이다. 일종의 변혁이므로 다양한 방법의 정착전략이 필요하다. 그런데 기법을 가르치고 전수하는 것으로 정착된다고 생각하는 경우가 많다. 이것은 매우 잘못된 방법이다. 오히려 영업활동만 위축시키는 결과를 가져오고 회사가 실시하는 정책에 불신만 가중시키는 결과를 초래할 수도 있다. 따라서 영업팀은 영업활동의 방향을 명확히 정해서 영업부의 업무와 영업사원의 행동을 전부 바꿔야 한다. 여기서 필수적으로 대두되는 것이 영업사원에 대한 컨셉정립이다. 한마디로 '어떤 역할을 해야 하는가?' 이다.

컨셉이 정립되면 이를 실천할 수 있는 여러 가지 지원시스템을 바꾸든지 추가하든지 해야 한다. 거기에는 매뉴얼, 양식, 성과측정 내용과 방법 등 다양한 것이 있는데 가장 중요한 것은 영업사원의 사고방식과 행동이다. 이들이 바뀌려고 노력을 하지 않으면 그 결과는 뻔하다.

즉, 영업에서 항상 하는 말은 다음과 같다.

- 판매라는 것은 제품을 파는 것이 아니라 팔기 쉬운 조건을 만드는 것이다.
- 만들었기 때문에 판매하는 것이 아니라 구매자를 위해서 만드는 것이다.
- 제조업체와 판매대리점은 공존공영의 관계다.
- 판매경쟁에서 이기기 위해서는 항상 자신이 무엇을 해야 할지를 생각해야 한다.

위의 사항은 내가 최근에 영업팀과 만나게 되면 자주 하는 말이다. 그러나 실천하려고 노력을 조금 하다가 실제로는 방치를 하기 때문에 정책 및 제도는 그리 오래가지 못하고 실패하는 경우가 많다.

그래도 이제는 변화를 하라는 회사의 말에 영업사원들이 바뀌고는 있다. 거래점포에 다니면서 예전에는 판매대를 확인하고 부족한 제품 판매나 신제품구입을 강요해서 점주와 다투기도 했었다. 그런데 이제는 주식 얘기도 하고, 고객의 최근 동향에 대해서도 서로 토의해보고 제품진열도 우리제품 중심이 아닌 점포 전체를 보고 이야기하고 어떤 진열이 더 잘 되었는가를 확인하기도 한다

이러한 현상은 왜 나타나는가? 영업사원은 해당 점포관리에 의견을 제시하고 점주의 이득을 위해 여러 가지 분석도 해주고 있다. 즉, 영업사원의 역할에 없었던 점포운영에 대한 토의·자문·분석 등이 간접적으로 이루어지고 있다. 이는 경영자문 초기에 나타나는 현상이다. 영업사원은 이야기 도중 이런 지식은 더 알아야겠다고 다짐하지만 점포를 떠나면 잊어버린다.

영업사원들에게 무엇인가 지식이나 정보가 더 필요하다. 앞으로도

파는 것이 가장 중요하지만 더 많이 팔고 판매 후에 수금이 정확히 되도록 하는 것도 중요하다. 따라서 지금까지의 역할과는 다른 또 다른 역할이 더 요구되는 것이다.

정책방향과 지원시스템

회사의 경우 영업팀의 업무를 현실에 적합하도록 바꾸고 싶어한다. 그런데 영업팀의 반론도 만만치 않다. 또 좋은 제도면 바로 정착을 시키려는 회사의 성급한 방침도 문제다. 왜냐하면 기획하는 사람들 대부분이 영업을 잘 모르는 경우가 많기 때문이다. 그래서 대부분 영업팀과 태스크포스(Task force)팀을 만들어서 몇 개월간 같이 일을 해보지만 정확한 방향을 수립하기도 어려운 경우가 많다. 따라서 많은 인원보다는 이 일에 미칠 수 있는 2~3명의 인원으로 구성해 검토하는 것이 좋다. 그리고 영업업무 담당은 가장 실적이 좋은 사람과 가장 실적이 저조한 사람 두 명을 같이 참석시켜 시안이 개발되면 실제 샘플지역을 선정하여 활용 후 실행방안을 작성, 테스트를 거쳐서 정착방안을 제시하면 수월한 정착을 할 수 있다. 그리고 2~3년 실행결과를 정확히 피드백하면 새로운 영업제도를 구축할 수 있다.

그러므로 결정에 따른 지시보다 실제 활용이 가능하도록 회사의 지원과 기다림이 필요하다. 그리고 영업활동의 개선은 불필요한 자료작성과 이중 삼중의 업무부담이 지워지는 제반보고체계, 양식 등의 개선이 우선되어야 한다. 이로써 영업사원이 영업활동 이외의 일에 소모하는 시간을 줄여주어 자기계발 체계를 갖추도록 하는 것도 새로운 제도를 받아들일 수 있는 여건을 마련하는 것이다.

슈퍼마켓 영업의 경우 영업사원은 지역관리 컨설턴트가 되어야 하므로 매뉴얼, 강의 및 실습, 제반자료 준비 등 회사는 여러 가지 노력을 하고 있다. 그런데 부·과장들은 과거의 일과 내용에 익숙한 사람들이다. 그들은 사실 점포에 제품을 배달하고 수금하는 역할을 가장 많이 했다(특히 브랜드가 있는 제품이나 대형회사 제품에서 그런 현상이 높았다). 그런데 이들한테 상권을 파악하라, 고객동향을 확인하라(제품수요는 점포 주가 달라는 대로 주면 되는 것인데 고객동향 파악은 거의 없었던 일이다), 판촉 활동도 가격할인이나 덤으로 더 주는 것 이외에 다른 방법을 모색해보라 등의 일을 하라고 하면 그것은 하루아침에 되는 일이 아니다.

기존 일도 못 한다고 짜증을 내거나 무시해버리기도 한다. 그리고 만약 현장 영업사원이 새로운 제도와 영업방식에 대한 보고서를 제시한다고 하자. 어떤 답변과 방향을 제시하겠는가? 처음에 배운 것은 같다. 그러니 경험을 중심으로 이야기를 할 것이다. 그리고 결론은 다시 자기가 아는 방식으로 돌아간다. 따라서 권위도 떨어지고 영업에서 가장 중요한 리더십도 약해질 것이다. 또 신입사원이 오면 가르치는 것이 달라야 하는데 고참들도 잘 모른다. 결론은 아는 것이 별로 없고 기존 업무도 같이 해야 하는 등 일대 업무혼란이 발생할 수 있다. 따라서 실제 행동을 하기가 어렵다('하면 된다'는 사고방식의 중요성은 그 다음이다).

새로운 제도의 정착은 그리 쉬운 일이 아니다. 철저한 기획과 치밀한 준비가 필요하다. 기존양식 하나 바꾸는 것도 어려울 때가 있다. 특히 영업팀의 입김이 강하면 강할수록 더욱 그렇다. 우선 태스크포스팀이 구성되어 실행을 해보는 것이 이런 불협화음을 줄일 수 있는 길이다.

컨셉 실천, 정착의 조건

컨셉은 만들 수 있다. 그러나 실천과 성과를 위해서는 실행의지, 제도준비와 지원, 서로의 협력이 있어야 한다.

지금까지 회사의 성장과 이익을 창출하는 영업사원의 컨셉 변화에 대해 검토를 해보았다. 여기에는 변화방향이나 변신컨셉 등이 명확히 정립되어 실제 성공확률이 높을 것이다. 그러나 실제 정착이 되고 있는 회사는 별로 없다. 최근에는 솔루션 영업담당들의 노력으로 이 부문에서 많은 성과를 보이고 있다. 그런데 그것은 주로 컴퓨터운영 솔루션에 관한 분야로, 아직 확대되어야 할 분야가 더 많다. 중요한 것은 정립된 컨셉에 대해 의문점을 갖지 말고 자기 자신의 예전 성공이미지나 습관 등을 빨리 버리고 새로운 제도에 적응할 수 있도록 노력하는 것이다. 그리고 회사의 지원이 필요하다. 정책을 수립하고 결정하는 의사결정자가 우선 바뀌어야 하는데 공통으로 준비한 새로운 제도를 믿고 꾸준한 실천과 지원이 있어야 컨셉 정착의 실마리가 보일 것이다.

이와 같이 컨셉개발은 매우 어려운 일이다. 따라서 컨셉개발담당자는 보다 많은 자료검토와 연구를 통해 컨셉이 실제로 활용될 수 있도록 노력해야 할 것이다.

04 : 네 번째 이야기
-사업정의 재정립

제품 및 서비스, 또는 사업의 현주소, 즉 가장 필요한 핵심요소는 무엇인가? 사업정의는 이를 정확히 확인해주고 컨셉개발 방향을 설정하는 데 나침반 역할을 해준다.

사업정의란

사업정의(Business Definition)란 기업이나 개인이 하고자 하는 사업에 대해 정확히 이해를 하여 해당시장 여건과 고객의 욕구에 적합한 사업 방향을 정립하는 것이다.

사업에 대한 정확한 이해란 해당사업의 존재이유, 주 고객, 규모, 특징, 장단점 및 해당사업의 시장위치(도입기, 성장기, 성숙기, 쇠퇴기)를 확인하여 해당사업 실행을 위한 필요충분조건을 파악한 후 실제 사업자가 해당사업을 하겠다고 확신을 가진 상태를 말한다.

시장에 적합한 사업실행 키워드란 해당사업에 대한 시장의 변화추세, 고객의 욕구와 관심사항, 기술동향, 경쟁상태 등을 검토하여 해당사업의 실행을 위한 가장 적합한 방침(사업설계와 사업방식)을 정하는 것을 지칭한다. 그리고 고객의 욕구에 적합한 것이란 실제 해당고객이 구매행위를 하여 사업자에게 매출과 이익을 증대시킬 수 있는 것을 가리킨다. 따라서 대부분의 사업은 지속성을 가지고 유지되는 것이 아니며 사업시기와 시장여건 변화에 적응을 해야 한다.

이때 기업이 적시에 정확한 사업정의를 구축하여 시행을 하면 해당기업은 계속 안정과 성장을 할 수 있다. 그러나 한 가지 전제조건은 해당기업이 해당 사업정의의 수용, 해당 사업정의의 올바른 실천에 대한 회사의 시스템 변경, 종업원의 사고방식 등의 변화를 수반해야 한다. 따라서 해당기업의 제반자원 등이 검토되어 실행가능성을 확인해야 한다.

그리고 실제 회사의 이익과 경쟁의 원천이 어디인가를 확실히 파악하여 사업정의를 정립해야 하는데 경쟁회사가 했다고 해서 우리회사도 할 수 있다고 착각하는 것은 사업정의의 중요성을 감소시키는 것이다.

주요 사업정의의 변화(예)

사례 1. 안경사업 제조업→디자인사업

안경의 경우, 눈이 잘 안 보이는 사람만 사용하는 것 아닌가? 그러면 해당고객은 한정되어 성장은 한계에 직면하게 될 것이다. 그러면 안경사업의 정의는 무엇인가? 안경사업은 처음에는 제조업이었으나 이제는 패션업(디자인사업)이다.

안경이 처음 나왔을 때는 안경제품이 잘 찌그러지지 않고 깨지지 않으면 되었다. 그래서 안경테도 대부분 굵고 투박해 보였으며 무거웠다. 따라서 각 제조업체들은 제품에 대한 특별한 특징이나 차이가 없어 생산방법은 그리 어렵지 않았으며 판매는 안경점에 제품을 납품하는 단순 판매활동을 하고 있었다. 그 결과 안경점에 가능한 한 이익을 많이 주면 안경점 주인이 고객에게 권장하여 판매를 하였다.

이때 생산부문의 주요쟁점은 제조원가를 낮추고 단단하게 만드는 것이었다. 그래서 안경점에 마진을 많이 주어 판매를 증대시키는 것이었다. 전형적인 제조회사인 것이다. 그런데 눈이 잘 안 보이는 사람들만 안경을 사용하면 적정이익을 취하기가 어려워졌다. 이후 안경회사는 소비증대를 위해 여러 가지 노력을 하였다.

그 방법으로 첫째, 시력이 좋은 사람도 안경을 사용할 수 있도록 하는 방법은 없는가? 둘째, 기존 사용자도 안경을 여러 개 보유할 수 있지 않은가? 등 여러 가지 연구를 하였다. 이 시점에 고객들도 '안경은 꼭 이런 모양밖에는 만들 수가 없을까, 새롭고 멋이 있는 제품은 없을까' 라는 욕구를 가지고 있었다.

안경제조회사들은 멋을 창출할 수 있는 제품, 즉 안경사용자가 좀더 멋스럽게 보이는 것과 안경을 눈의 보호차원에서 사용하는 것에 대한 욕구를 확인하게 되었다. 그래서 '안경사업은 눈의 보호＋멋이다' 라는 단어가 창출되었다. 새롭고 멋이 있는 제품을 출시하여 시력이 좋은 사람도 안경을 사용하고, 이미 안경을 착용하던 사람들도 이미지 변화를 위해 2~3개의 안경을 보유하게 되었다. 이때 안경제조회사들은 디자인 개발실을 새로 만들고, 마케팅팀도 조직하여 마케팅부문을 활성화시켰다. 그 결과 고객의 구매패턴은 가격중심 구매에서 멋중심 구매로 전환되었다. 선글라스라는 제품은 안경사용의 수요폭을 확대하는 주요역할을 하였다.

현재 안경사업의 개념은 제조업에서 디자인사업으로 전환이 되고 있다. 어떤 회사는 공장 없이 멋진 디자인으로 공장에 위탁생산을 하여 투자비를 적게 하고 수익을 많이 발생시키기도 한다. 이와 같이 사업의 개념이 변화되면 조직과 필요인원의 구조도 변하고 조직구성원의 업무도 변하게 되며 마케팅방법도 달라져 결국 회사 전체가 변하게 되는 것이다.

이와 같이 변화된 사업에는 시계사업, 의류업, 가구사업 등이 있다. 특히 시장분석 시 구매자와 사용자가 다를 수 있는 경우도 있으므로 이때는 가능한 한 사용자중심으로 검토가 되어야 한다.

따라서 시장중심으로 사업이 재정의되면 해당회사는 디자이너나 마케팅 전문가가 필요하게 될 것이고 업무점검의 우선순위가 생산에서 마케팅으로 변화될 것이다.

안경사업의 재정의

	과거	현재	앞으로
사업정의	견고성	디자인	디자인, 소재
구매영향자	부모	부모 또는 자녀	자녀
사용자	자녀	자녀	자녀
구매요인	내구성, 가격	디자인, 가격	디자인, 브랜드

이제 경쟁력은 제품소재가 아니라 디자인과 브랜드다. 따라서 신제품인 경우 이 요건(디자인)에 맞지 않으면 컨셉개발 이전에 출시를 중지시켜야 한다.

사례 2. 영화관의 사업재정의(복합문화공간)

- 사업정의: 영화를 보며 즐기는 것(영화관)→다양한 프로그램을 이용하면서 즐기는 곳.

- 기존 영화관의 특징과 불만사항

  특징: 단순히 영화 보는 곳. 즉, 영화만 보면 되지 다른 것은 별로 필요 없다.

  불만요소와 새로운 의견

  ■영화관 내의 답답함 해소

  -의자 간격이 비좁다: 앉아 있기 불편, 옆사람 이동 시 움직여야 함.

  -화면의 보이는 정도: 경사가 낮아 앞사람의 크기에 따라 화면을 보기가 어려움.

  -화면이 작은 편이고 소리의 실감이 적어 흥미가 덜하다.

  -공기도 탁한 것 같아 답답하다.

  -의자 자체도 편안하지 않고 먹을거리를 놓기도 불편하다.

  ■영화를 골라 보거나 해당영화 매진 시에 다른 영화를 볼 수 있으면 좋겠다.

  ■영화시간을 기다리면서 지루함을 없앨 수 있는 것도 필요하다.

  -게임, 음악감상, 맛있는 커피와 다과, 기타 등등을 즐길 수 있는 것.

  ■기타 원활한 예매시스템, 아기 돌보기 등이 있었으면 한다.

- 새로운 욕구: 상영프로를 기다리는 동안 다른 것을 즐기면서 영화를 보는 것으로 새로운 즐거움 제공의 장으로 꾸미자.

- 영화관의 새로운 사업정의: 여유롭게 즐기는 곳.

  필요충분조건

  -편안한 의자

  -여유 있는 의자 간격

-소리의 즐거움

-여러 가지 즐거움과 즐길거리 제공

-예약 활성화

-다양한 프로 준비

-다른 업종과 같이 존재하여 추가 즐거움 제공

가치이동

	기존 영화관	새로운 영화관
의자 크기	작다	여유롭다
간격	좁다	편안하다
위치	일렬위치로 뒤에서 불편	
기능	단순 앉는 기능	먹을 것을 놓을 수 있고 편안함
화면	작은 편	큰 편
바닥구조	평편하여 시청 불편	경사가 있어 시청 편안
음향	스테레오	8스피커
예약	안 된다	가능하다
프로그램	1가지	여러 가지
추가시설	휴게실, 매점 이외에 거의 없다	커피숍, 게임룸, CD점, 패스트푸드점, 매점 등 여러 가지 즐길거리 비치
시설활용	거의 없다	여러 가지 모임회, 연극, 음악회도 가능
경쟁자	영화관	오락실, 연주회, 카페

고객가치: 이제는 고객다운 배려가 있어야 찾아간다. 고객의 눈높이가 달라지고 있다.

시설활용: 유사한 기능을 필요로 하는 일이면 사용이 가능하여 수익원을 다양화하고 있다.

→ 앞으로 예상되는 수익원: 장소의 다양한 활용(회의개최 장소, 운동

경기 시 보는 장소, 즉 대형화면 활용 등).

• 최근의 국내동향: 극장예배

극장 내 소극장(방송사 공개홀)

신작게임발표회장

기업의 정례모임

각종 세미나와 연극 등에 이용할 수 있게 하여

수입원을 다양화한다.

사례 3. 구겐하임미술관: 미술감상의 상업화방법 제공

뉴욕의 구겐하임미술관의 사업정의는 독특하다. 자신의 경쟁자는 같은 미술관이 아니라 영화·TV 등이라고 재정의하였다. 단순히 그림을 감상하는 것이 아니라 그림에서 느낄 수 있는 이미지에 영화관처럼 하이파이 스테레오에서 느낄 수 있는 소리를 제공하고 있다. 즉, 고객이 그림을 보게 하는 것이 아니라 빠져들게 하는 것이다. 이로 인해 고객의 증가는 물론 찾아오는 횟수도 증가하였다. 보통의 미술관이 적자로 허덕이는 것과는 대조적으로 합리적인 경영을 하고 있다.

구겐하임미술관은 뉴욕과 스페인의 빌바오, 독일의 베를린에 있다. 스페인의 빌바오미술관의 예를 보면, 1997년 10월 미술관이 개관한 이후 빌바오시는 관광도시로 탈바꿈했다. 매년 전세계에서 100만 명에 달하는 관광객이 찾아온다. 미술관이 시의 지역경제에 미치는 경쟁적 효과가 엄청났던 것이다. 2002년까지 6년여 동안 약 1조 5,000억 원(약 10억 7천만 유로)에 이르는 경제적 효과를 유발하였다. 2003년에는 미술관 관람을 위해 관광객 1인이 평균 약 24만 원(약 176유로)을 지출하였

다. 고용유지 기여도도 98년 약 3,900명에서 2004년에는 4,547명으로 증가하여 파급효과가 큰 것으로 분석되었다. (참조: 〈중앙일보〉 2004년 11월 29일자)

가치비교

	일반미술관	구겐하임
목적	미술품 판매(보는 개념)	즐거움 제공(빠져들게 한다)
상품	미술품	미술품 + 소리
시설	전시관	전시관 + 커피숍 + 캐릭터숍
경쟁자	미술관	영화, TV

고객가치 : 전시관람에서도 즐거움을 갖자.

스페인의 항구도시인 빌바오도 조선 등 전통산업의 몰락을 부동산 개발로 극복한 대표적인 도시다. 1997년 10월 개관한 빌바오 구겐하임

미술관은 세계적 건축가인 프랭크 게리의 독특한 건축물로 인해 매년 전세계에서 100만 명이 넘는 관광객이 찾고 있다. 빌바오시는 미술관의 성공에 자극받아 다양한 도심재개발사업을 추진 중이다. (자료원: 조선닷컴)

스페인 빌바오시의 구겐하임미술관. 매년 전세계에서 100만 명의 관광객이 찾으면서 빌바오시의 부흥에 일조하고 있다

그 외 주요 사업정의 변화방향(예)

사업명	사업정의 변화방향
건설업	주택: 권위사업
일반가구사업	인테리어산업
침대, 소파, 사무용가구	정밀산업
신발	디자인·편안함 중심사업
백화점	정보사업
학습지	육아사업
안경, 보석, 시계	패션업(디자인)
호텔	기분산업
배달	안전사업
은행, 증권, 저축은행	투자사업
이동통신서비스	콘텐츠산업, 정보사업

사업정의는 왜 필요한가

기존의 사업을 다시 정의해볼 필요가 있는 것은, 하나의 기업이 사업을 영위해나가는 방식은 그 기업이 해당사업을 어떻게 보느냐에 따라 달라질 수 있기 때문이다. 그리고 기업이 사업을 어떻게 정의하느냐에 따라 목표고객, 경쟁사, 경쟁우위 요소 등이 상이하게 결정된다. MP3 사업정의가 디자인이라 한다면 경쟁력은 디자인에 달려 있다. 크기, 음질, 기능성 등을 강조한 컨셉은 별로 고객의 주의를 끌지 못한다. 따라서 디자인을 더욱 세련되게 하는 컨셉이 필요하다.

베이커리 카페의 주된 이용요인은 편안한 휴식과 대화다. 제품의 맛이나 종류를 강조해봐야 고객의 귀에는 별로 들어오지 않는다. 따라서 편안하고 아늑한 공간을 강조한 컨셉을 제시해야 한다.

　지방의 시장이나 유통점들이 사업이 안 된다고 할인점의 진출을 막고 있다. 이를 실제로 국회에서 입법화하여 활동을 제약하려고도 한다. 이는 일반 경제원리에서는 맞지 않는 방식이다. 해당지역 주민도 경제와 사회변화의 혜택을 받아야 하는데 이를 막고 있는 것이다. 만약 할인점의 진출을 억제하려면 그와 비슷한 서비스, 즉 저렴한 가격, 쇼핑의 편리성, 다양한 제품구비 등의 혜택을 지역주민에게 제공해야 한다. 그러나 기존시장과 유통점들이 이를 수행할 수 있는가? 중요한 것은 할인점의 진출억제가 아니라 시장상인들의 서비스의식, 제품가격 그리고 원스톱쇼핑이 가능하도록 제반시스템을 갖추어야 한다. 이것이 선행되면 고객들의 지역점포 이용이 증가하여 할인점이 진입할 틈새가 없어지는 것이다. 이제는 상인이 아닌 사업가로 변신을 해야 한다. 점포는 단순점포(Store)가 아닌 고객을 유인할 요소를 가진 점포(Shop)로 변신해야 한다. 쇼핑 시 불편함이 없도록 해주어야 한다. 할인점의 성장과 고객의 욕구변화는 미리 예견된 것이다. 이런 이야기는 누구나 아는 내용이라 식상한 표현이 될 수도 있다. 그래서 새로운 내용으로 받아들여지지 않는 경우가 많다. 그러나 실제 해당 사업정의의 성공에 담겨 있는 숨은 내용을 찾아서 활용하는 것이 매우 중요하다. 단어가 아닌 깊은 뜻을 이해해야 한다. 지금부터라도 시장의 사업정의를 재정립(고객에게 어떠한 혜택을 제공하는 시장이 되어야 하는가?)하여 고객을 위한 시장으로 재탄생시켜야 한다. 그러지 않으면 지역고객들은 구매를 위해 시간과 비용을 소비하면서 다른 지역으로 이동할 것이다. 고객의 욕구변화는 이미 나타났다. 대전에 처음으로 할인점이 개장했을 때 청주시민들은 고속도로를 이용하여 대전까지 쇼핑을 다닌 적이 있다.

따라서 사업정의를 현 상황에 맞게 설정하여 해당 제반서비스를 제공하도록 상인과 점주들도 새로운 경영방법을 터득해야 한다. 그래야 컨셉담당자들이 정확한 도움을 줄 수 있다.

일반사무용가구회사(제조업)와 퍼시스(디자인업), 일반베이커리 점포(델리샵)와 베이커리 카페(휴식과 대화공간), 일반영화관(영화관)과 CGV(즐기는 공간), 화장품전문점(할인점)과 미샤, 페이스샵(실용적인 멋의 제공), 컴퓨터회사(제조업)와 델컴퓨터(온라인업) 등 평상시에는 별로 다른 것이 없을지 모르지만 실제 사업방법을 검토해보면 위와 같이 다른 경쟁력을 갖추고 있다. 이와 같이 경쟁사와 다른 경쟁우위의 구축방향이 제시되면 해당기업은 구호가 아닌 실제적인 변신을 해야 한다. 즉, 조직구조, 필요인원과 전공과목, 종업원의 업무수행 방법과 서비스가 해당 사업정의에 적합하게 달라져야 한다. 그 결과 실제로 변한 것을 고객에게 인식시켜야 하는 것이다.

또 은행을 보면 예전에는 은행수익원이 예금과 대출의 마진 차이에서 발생하는 수익이었다. 그러나 이제는 이 마진만 가지고는 수익을 달성하기 어렵기 때문에 주식투자, 기업인수 및 합병 등 다양한 자금활용을 통해 수익을 달성해야 한다. 따라서 은행장이 재테크회사로 사업을 새롭게 정의하여 실행을 하고 있지만 현재의 은행종업원은 재테크에 대한 지식이나 경험이 부족하여 실제 업무수행은 잘 안 되는 것이다. 투자사업이란 대출사업처럼 담보만 있으면 할 수 있는 사업이 아니다. 다년간 여러 가지 경험을 축적하면서 인력이 양성되어야 한다. 그러나 IMF 이전까지는 이런 생각이 없었다. 그 후 이런 주요업무와 실제 수익이 많은 투자사업은 외국회사의 몫이 되었다. 아직도 시간이 많이 필요하다. 그 답은, 우리나라 은행이 재테크제품의 포트폴리오 비율에서 자금대출 비중이 높은 것은, 선진은행보다 재테크능력이 부족해서 나타나는 결과라고 볼 수 있다. 이와 같이 조직 구성원들의 행동과 노력을 통합하려면 종업원의 실행가능성과 능력활용도를 검토한 사업정의를 정립해야 하며 또 경영자의 입장에서는 사업변화를 예측하여 새로운 사업정의를 위해 종업원들의 능력계발에 많은 노력을 보여야 한다. 현재의 은행은 사업의 재정의가 늦어져서 나타난 대표적인 사례다. 그런데 경영층이나 관련자들은 기존 사업방법에 익숙해져 있어서 이를 발견해서 변신하는 것이 그리 쉬운 일은 아니다. 기존은행에서는 예대마진의 차이를 수입으로 생각하고 일을 해왔으니 은행원들의 능력이 향상될 수가 없었던 것이다. 능력계발 목표가 다른 결과다. 그러니 경영자의 사업식견 예측력이 얼마나 중요한지 파악이 되는 대목이다. 아직도 은행원들이 완전히 능력을 갖추지 못했기 때문에 예대대출이 가장 많은 비중을 차지하고 있으며 원가가 명확하지 않은 수수료만 올려서 수익을 달성하는지도 모르겠다.

시장에 대한 정의는 경쟁기업과 목표고객에 따라 달라진다. 따라서 사업정의의 정확한 정립은 사업의 정립, 실행, 경쟁 및 확대 등에서 비교우위의 요건을 갖추게 한다. 기업은 '우리의 사업이란 어떤 것인가?' 라는 질문을 신중하고 명확하게 제기한 뒤, 이에 대해 철저하게 해답을 찾아야 한다. 그러면 더욱 명쾌하고 경쟁력 있는 컨셉이 개발될 수 있다.

사업정의는 해당사업에 대해 어떤 사업으로 할 것인가에 대한 방향을 설정하는 것을 말한다. '맛있는 음식점' 이 사업정의가 되는 것이다. 당연히 맛있는 음식점이 인기가 있다는 것은 누구나 다 아는 사항이다.

그러나 실제 맛있는 음식점은 얼마나 되는가? 그래서 강력하게 맛있는 점포의 사업정의를 만들어야 한다. 김치가 맛있는 집, 국물이 시원한 점포, 대단히 매운 음식점 등은 점포컨셉이 되는 것이다. 사업정의는 해당사업을 근본적으로 어떻게 경영할 것인가에 대한 방향을 제시하는 것을 말하며 컨셉은 맛있는 점포의 막연함이 구체적·요약적으로 고객에게 이미지를 남게 하는 것을 말한다. 따라서 컨셉은 고객에게 해당사업 또는 점포의 이미지를 좀더 강하게 남길 수 있는 것이다. 즉, 컨셉은 사업내용을 보다 구체적이고 명쾌하게 함축시킨 말이다. 그래서 사업 정의보다 컨셉이 고객에게 더욱 강한 인상을 준다.

사업비전, 사업정의, 컨셉의 개념과 차이

컨셉이 다양하게 자주 사용되는 용어가 되다 보니 사용범위가 넓어 실제 사용에서 혼선이 발생되는 경우가 있다. 여기서 컨셉을 이야기하고 있으니 다른 용어와 비교를 하여 컨셉의 정확한 의미를 확인해보기로 하자.

회사의 경영이나 전략적으로 사용되는 용어들 중에 기업이 어떤 목표를 달성할지에 대한 장기전략을 수립하는 것들이 있다. 그리고 이렇게 수립된 전략을 단계적으로 어떻게 달성할 것인가에 대한 계획, 상품개발과 마케팅전략이 수립·실행되는 것이 일반적이다.

경영활동에서 사용되는 용어를 보면 비전, 장기계획 및 전략, 미션, 사업정의 등이 있다. 이들 용어는 기업의 장기 경영방향 등에 사용되고 있다. 해당사업을 전개하여 미래에 해당기업의 위상이 어떻게 되는가를 만들어놓은 것이 비전이다. 그리고 해당비전을 어떤 사업과 영역을 통해서 달성할 것인가를 명확히 한 것이 미션이다.

단기계획과 전략, 방침 등은 단기 경영방향에 사용된다. 미션을 장·단기로 실행하는 데 사업은 과연 현 경영방법으로 실행하면 되는가, 사업의 변화요인은 없겠는가, 만약에 있다면 사업을 어떤 방향으로 이끌어가면 좋은가 등을 논의하는 경우가 있다. 이때 가장 많이 논의되는 것이 사업정의다. 과연 현재의 사업방법으로 경쟁을 극복하고 목표를 달성할 수 있을까에 대한 검토를 하는 것이다. 예를 들면 '라면사업은 주식사업인가 간식사업인가? 가구업, 안경사업, 시계사업은 제조업인가 패션업인가? 핸드폰사업은 제조업인가 디자인사업인가?' 이다. 즉, 해당 사업환경 여건에서 가장 핵심역량이 되는 것을 중심으로 사업정의가 재정립되는 것이다.

시계의 경우를 한번 살펴보자. 예전에는 시간이 정확히 맞는 것이 시계의 구매요소였다. 그런데 이제는 기술의 발달로 어느 시계든 시간은 정확히 맞출 수 있다. 그렇다면 시계사업의 경쟁우위 요소는 다른 것이 되어야 한다. 즉, 멋진 디자인이나 좋은 브랜드인지도가 사업의 핵심요인이 된다. 따라서 시계사업은 패션업으로 재정의가 되어야 한다.

무조건 디자인이 좋아야 한다. 그러면 어떤 디자인이 좋을까? 복고풍·현대식·세미클래식 등으로 디자인의 방향이 정해지면 각 부문에서는 여러 가지 제품이 개발될 것이다. 여기서 각 제품에 대한 전달내용을 정확히 만들어서 고객과 교감을 하고 고객이 해당제품을 정확하게 구매할 수 있도록 관심을 갖게 해야 한다. 이와 같이 전달내용을 명확히 정립한 것을 컨셉이라 한다.

해당시계에 대한 정확한 컨셉이 정립되었다면 해당시계의 모양을 어떻게 만들 것인지 그리고 시계 내부에서 시곗바늘, 숫자, 제품 브랜드, 전체 시계판의 색상 등을 결정해야 한다. 이를 각각 특색에 맞게 구분하는 것을 조닝(Zoning)이라 한다. 그리고 해당 조닝의 특징을 구분하는 것을 테마(Theme)라고 한다.

단어나 외국어에 대한 해석에 따라 차이가 있어 서로 혼선이 있을 때 이렇게 구분해서 이해를 하면 각각의 정의가 명확할 수 있다. 물론 서로의 이해에 따라 차이는 있지만 분명한 것은 사업정의와 컨셉은 구분이 된다는 것이고, 각각의 의미와 용도도 다르다는 것을 확실히 해두기 바란다.

사업정의의 활용

시대의 변화에 따라 적응력을 얼마나 갖추느냐 하는 것이 장기적으로 기업을 이끌어가는 사업의 기본요인이 되고 있다. 사업정의라는 단어는 매우 어렵게 느껴질지 모르지만 사업정의가 뜻하는 내용의 변화는 기업들이 많이 해오고 있다. 이제는 이를 좀더 자세히, 논리적 · 구체적으로 검토해야 할 시기가 되어 변신을 하는 기업들이 점점 증가하고 있다.

따라서 컨셉담당자들은 컨셉개발 시 해당제품이나 서비스 또는 사업에 대한 현실적인 사업정의를 재검토해볼 필요가 있다. 따라서 이를 통해 좀더 넓은 시야를 가지고 보다 명확한 컨셉을 개발할 수 있도록 활용하는 하나의 방법론이 되었으면 한다.

시장을 보는 시야 확대

디지털시대가 시작된 이후, 시장의 범위에는 기존보다 더 많은 확대와 변화가 일어나고 있다. 따라서 기존시장을 현상 그대로 보지 말고, 발상을 바꾸고 좀더 넓게 볼 필요가 있다. 이것은 사업정의를 검토할 때도 매우 필요한 사항이다. 경쟁에서의 시장은 해당시장을 중심으로한 좁은 의미의 시장에서 넓은 의미로, 그리고 미래지향적으로 시장을 검토해야 한다.

- 핸드폰은 전화기인가 장난감 또는 비즈니스 도구인가?: 제품컨셉의 정립에 따라 사업이나 프로그램을 준비하는 팀의 구성과 인력의 자격요건도 달라진다. 또 커뮤니케이션 내용도 전혀 다른 내용이 된다.
- 해당 놀이터(테마파크)는 재미가 있는가, 스릴이 넘치는가, 편안히 쉴 수 있는가, 어떤 내용의 컨셉이 앞으로 가장 시장성이 있는가?: 컨셉의 차이는 준비사항 및 요건, 준비인원 등이 당연히 달라질 것이고 제휴회사 등으로 변화가 나타날 것이다. 그런데 초기 투자가 많은 사업이므로 프로그램이 매우 잘 만들어져서 고객이 가능한 한 오래도록 많이 와야 한다.
- 해당점포는 맛이 정말 좋은가, 재미를 느끼게 하는가, 분위기가 좋은가?: 고객층에 따라 좋아하는 음식점의 경영방법이 달라질 것이다. 점포컨셉은 고객이 멀리서도 찾아오게 만든다.

시장지향적인 요인 최대한 반영

사업정의에는 시장의 트렌드, 고객의 소비패턴을 정확히 파악하여 고객과 친근하고 고객을 유인할 수 있는 내용이 포함되어야 한다. 그래서 특히 하드웨어적 내용보다 소프트웨어적인 내용을 좀더 관심 있게 연구할 필요가 있다. 미래의 변화상황이 꼭 필요하다.

- 핸드폰은 사용이 편리하다: 전화 기능, MP3, FM, 디지털레코드, 디카 기능이 같이 있어야 한다. 전체를 같이 포함하기에는 시기가 이르지만, 해당기능이 하나씩 첨가되어서 시장을 선도하면서 제품의 컨셉을 창조하고 있다. 그러나 천천히, 모두 개발이 된 다음에 제품을 만든다는 것은 시장에서 전체 구비된 기존제품과 경쟁에서 뒤떨어질 확률이 높다. 해당회사의 기술을 확실히 믿을 수 없는 상황이 발생하기 때문에 해당기술을 하나씩 첨가하면서 회사의 기술력을 과시해야 한다.
- 노트북은 이동이 편리해야 한다: 일상업무용, 전문업무용, 영화 및 음악감상용에 따라 사용부품, 제품의 특징과 금액이 다르며 나아가 무게에도 차이가 있다. 여러분은 어떤 노트북이 필요한가? 그리고 고객에게 어떤 내용의 커뮤니케이션 내용을 전달할 것인가?

변화나 전달내용을 정확히 표현

컨셉개발 시 해당제품 및 서비스가 가지고 있는 장점·특징·가치 등을 잘 표현하고 이해가 쉽게 되어야 하는데 이를 추출하는 것은 그리 쉽지 않다. 이에는 경험·직감력·순발력·어휘력·요약력 등이 필요하고 또한 담당자의 노력도 매우 중요하다.

- 침대＝과학: 가구는 디자인과 색상이 중요한데 침대는 가구이
  면서도 매트리스가 불편하면 안 된다.
- 핸드폰＝전화기→장난감 또는 사무실
  핸드폰이 긴요하게 쓰이도록 하려면 고객에게 하나의 필수품이
  되어야 한다. 업무수행에 필수적인 것이라든가 아니면 고객이 심
  심하거나 스트레스를 받았을 때 필요한 도구이어야 할 것이다.
- 부엌가구＝가구

시장변화와 고객의 욕구를 명확히 확인하여 컨셉수립 방향을 좀더
넓고 깊이 있게 생각해야 한다.

컨셉이란

01 : 컨셉에 대한 이해

어떤 사물이나 서비스에서 컨셉은 매우 중요한 개념이다. 그러나 컨셉의 본뜻을 정확히 이해하지도 못하는데 중요성만을 강조한다고 해서 되는 것은 아니다. 왜냐하면 컨셉은 사물이나 서비스가 실제로 표현되는 기본특징을 집약해서 나타내는 것이기 때문이다.

이것이 정확히 정립되어야 확실한 성과를 얻을 수 있다. 만약 컨셉이 명확하지 않으면 성과는커녕 엉뚱한 결과가 나타날 수도 있다. 컨셉은 매우 중요한 표현추출 방법이다.

그러므로 컨셉에 대한 정확한 이해가 우선이다. 그러나 컨셉만큼 잘못 이해되고 있는 개념도 없다.

컨셉의 정확한 개념

사람들은 컨셉 이야기를 자주 하지만, 그 개념을 정확하게 사용하는 사람은 그리 많지 않은 것 같다. 가장 잘못 사용하고 있는 것은 컨셉을 하나의 아이디어로 말하는 경우다. 아이디어는 말 그대로 아이디어일 뿐이다. 그것이 실현성·논리성 등을 충분히 갖추었는지 검증할 수는 없다.

예를 들어 "이번 시즌의 디자인 컨셉은 에스닉이야"라고 한다면 이것은 디자인 스타일을 나타낸 것이지 컨셉을 말하는 게 아니다. 만약 이를 정확히 표현하는 체계를 구성한다면 패션 컨셉은 '패션은 멋이다' '패션은 창조다' '패션은 예술이다' 등이 된다. 좀더 구체적인 표현으로는 '패션은 분위기다' 또는 '어린이다' 등이 있다. 이렇듯 패션을 전문으로 하면서 자기가 느낀 것을 하나의 집약된 내용으로 표현하는 것이다. 이와 같이 컨셉이 정립된 후 그 내용이 에스닉이니 모더니즘이니 등으로 표현되는 것이다. 따라서 컨셉은 스타일, 이미지, 아이디어 등 보다 상위의 내용이며 실제 방향을 제시하는 내용이다. 만일 패션이 멋이라 하면 해당 디자이너가 만든 옷은 누가 느끼든지 멋을 느낄 수 있게 해야 한다. 그 대상이 어린이라 하면 가장 어린이다운 마음의 순수한 내용이 항상 그 디자이너가 만든 옷에서 표현되어야 한다. 그래서 해당시기의 유행추세가 에스닉이든 모더니즘이든 그때 만드는 옷에는 항상 멋 또는 순수함이 배어 있어야 하는 것이다.

컨셉이 명확한 이해 없이 사용되면 컨셉정립이 안 될 수도 있다. 스타일, 이미지, 아이디어가 컨셉으로 표현된다면 해당사물이나 서비스가 고객에게 강조되는 방향의 기본흐름에 스며 있지 않게 된다. 따라서 디자이너가 발표하는 옷은 매년 다른 내용으로 이해가 되어 해당 디자이너의 정체성을 파악할 수 없고 고객의 외면을 받기 쉽다. 이것이 아이디어를 컨셉으로 오해하는 경우다.

컨셉, 매우 어려운 말이다. 이 용어를 쉽게 아무 때나 사용하거나 표현한다면 실제로 컨셉을 정확히 이해하고 사용해야 하는 사람들에게 혼란만 야기시킬 것이다. 또한 실제의 컨셉정립을 어렵게 하고 활용도가 낮아 활용 성과를 얻기가 어려워진다. 컨셉이 불분명하면 정확한 실체(제품 및 서비스)가 나타나지 않고, 나타나더라도 얼마 안 가 다르게 변하고 만다. 명확한 컨셉은 프로젝트를 실행할 수 있는 근간이 되고 조직구성원의 힘을 응집할 수 있는 원동력이 된다.

디자인에서 컨셉이 중요한 것은 컨셉을 올바로 세웠을 때에만 남들이 하지 못한 디자인, 즉 혁신적인 디자인을 탄생시킬 수 있기 때문이다. 세계적인 컨셉디자이너 시드 미디는 컨셉에 대해 다음과 같이 설명한다. 컨셉은 발명의 첫 단계다. 즉, 컨셉은 해당제품 및 서비스가 존재하는 전체적인 이유다. 또는 집합체를 나타내는 것이다. 하늘을 나는 것, 이것은 컨셉이다. 나는 것을 창안하는 것은 아이디어다. 그리고 비행기나 행글라이더 형체를 나타낸 것은 디자인이다.

- 걸으면서 음악을 듣는 것: 컨셉.
- 걸으면서 듣기 위해 만들어진 것: 워크맨, MP3.

이 제품들은 컨셉이 정확해서 탄생한 것이다. 즉, 아이디어는 현실성과 논리성 그리고 독창성과 결합되어야 한다. 컨셉창출자는 자유롭게 아이디어를 생각하는 능력도 필요하지만 제품 및 서비스를 컨셉화

할 수 있는 논리적 능력도 매우 필요하다. 뚜렷한 특징과 정말 원하는 가치를 제공해야 한다는 점에서 디자이너는 아이디어맨이 아니라 컨셉 창출자다.

덥다고 하면 시원한 것이 필요하다. 이를 위해서는 인공적인 바람이나 시원한 먹을거리가 필요할 수 있다. 인공적인 바람이 필요하다면 에어컨이나 선풍기가 있어야 할 것이다. 컨셉은 덥다는 상태에서 나타나는 것이므로 하나의 본질적인 욕구를 중심으로 생각해야 한다. 또 의자를 디자인할 때 기존의 의자를 조사하는 것보다 의자의 진정한 속성, 즉 앉는다, 쉰다, 눕기 전 단계 같은 개념을 떠올리는 것이 창조성을 극대화하는 데 훨씬 도움을 준다.

컨셉에 대한 탐색은 내적 속성을 연구하는 것이지 제품의 모양이나 디자인을 나타내는 것이 아니라는 것을 생각하고 이 책을 활용하기 바란다.

02 : 컨셉의 정의

컨셉의 정의 및 특징

컨셉을 우리말로 번역하면 개념, 구상이란 말로 표현된다. 개념(槪念)의 사전적 의미는 아래와 같다.

1. 여러 관념 속에서 공통적 요소를 뽑아 종합하여 얻은 하나의 보편적인 관념.

2. 어떤 사물에 대한 대강의 뜻이나 내용.

영어의 원어를 풀어쓰면 CONCEPT＝CON＋CEPT

1. CON＝ '모두가 좋아하는, 공감하는'

2. CEPT＝ '잡아가는, 획득하는, 취하는'

즉, 컨셉이란 모두가 좋아하고 공감하는 것을 잡아내는 것이다. 따라서 컨셉 자체의 개념은 해당객체 본질의 차별성·정확성·함축성을 갖추고 가능한 한 쉽고 이해하기 편하게 표현되어야 한다.

컨셉을 나타내는 단어(개념)보다는 컨셉이 가지고 있는 본래의 뜻을 먼저 찾아야 올바른 컨셉을 창출할 수 있다. 이를 위해서는 컨셉을 창출하는 요인을 심도 있게 나타내주어야 한다. 목표고객의 욕구를 정확히 파악하고, 제품의 특징을 확인한 다음 컨셉을 선정한다. 컨셉의 개발은 현재의 제품 및 서비스의 특징과 고객의 실제 구매요인의 차이를 확인하고 이를 보완할 수 있는 속성을 파악하여 이를 함축적으로 이해하기 쉽게 만드는 활동을 말한다.

컨셉의 본질은 무엇인가? '본질'의 사전적 의미는 어떤 사물이 다른 사물과 구별되도록 하는 고유한 성질을 일컫는다. 해당제품 및 서비스와 어떤 상황의 특징을 명확히 전달하며, 쉽게 파악하고 기억에 오래 남도록 함축적으로 표현한 것이 컨셉의 본질이다.

컨셉은 무엇으로 만드는 것인가?

해당제품 및 서비스의 특징, 고객의 요구사항

+

구매 시 고객성향, 트렌드, 해당시기의 유행특징(사업정의와 변화 검토)

+

분위기, 기분, 생각의 숙성(감각, 영감, 느낌)

컨셉, 그 자체가 읽기만 해도 이해를 할 수 있고 행동을 일으켜야 한다. 그래서 컨셉은 한 번 봤을 때 고객의 마음을 사로잡아야 한다.

여러분은 직장동료들에게 어떠한 사람이라고 이야기를 듣고 있는 가? 예의가 바른 사람, 친근감이 있는 사람, 게으른 사람, 옷맵시가 좋은 사람, 친절한 사람 등 이렇게 주위 사람들에게 불리는 이미지를 컨셉이라 한다.

컨셉은 개인 또는 여러 사람들, 단체, 기업 그리고 여러 객체(제품 및 서비스, 점포, 건물 또는 테마파크 등 유형·무형의 제품이나 서비스) 등 어느 것 이든지 제3자에게 자신을 가장 쉽게 알리고 기억될 수 있게 만드는 하나의 집약된 종합이미지를 말한다. 일반적인 이미지는 처음에 좋을 수 도 있고 그렇지 않을 수도 있으며 기억에 오래 남을 수도 있고 바로 잊어버릴 수도 있다. 그러나 가능한 한 모든 사람들이 좋아하는 이미지만을 함축시킨 것을 컨셉이라 한다. 여기에 좀더 차별적 우위를 갖추고 많은 사람들이 선호하고 기억에 오래 남도록 하는 작업이 컨셉디자인 이다.

컨셉은 눈으로는 알아도 머리로는 정확히 정립되지 않는 것들이 명확한 언어로 정의되는 특징을 가지고 있다. 사업적으로 표현하면 고객의 욕구를 해결해줄 수 있다는 약속과 해당제품 및 서비스가 해당욕구를 충족시켜 줄 수 있는 이유 등 모든 필요요소를 나타낸 것이다. 컨셉은 내용만 잘 표현할 수 있다면 용어나 문장, 기호, 그림 등에 관계없이 사용할 수 있다.

03 : 컨셉의 요건

컨셉이 갖추어야 할 내용

컨셉은 해당제품 및 서비스를 고객에게 오랫동안 정확히 인식시키기 위한 함축적인 단어나 문장이다. 따라서 어떤 내용이 이런 효과를 잘 나타내어 고객에게 인식되는지가 매우 중요하다. 그렇다면 이의 효과증대를 위해서는 어떤 요건이 필요한가? 이 요건을 잘 갖추어야 성공의 확률을 높일 수 있다.

컨셉의 내용구성은 아래의 요건을 갖추어야 한다.

첫째, 고객에게 필요한 효익(효용과 이익)을 명확히 할 것.

둘째, 고객의 기억에 남을 수 있는 독특한 것.

셋째, 상품 및 서비스의 속성영역을 명확히 한 것.

넷째, 과장된 표현이 없는 것.

그리고 여러 가지 효익을 한꺼번에 제시하거나, 가격에 비해 가치가 낮거나, 개발 및 광고비용이 많이 소요된다면 해당컨셉의 개발은 중지하는 것이 더 좋다.

컨셉개발 시 필요요소

미충족욕구 및 불만사항 + 제공되는 효익 + 차별적 우위요소에 대하여 해당내용의 논리성, 신뢰성, 이해도, 접근성(용이성), 첫인상, 느낌 등을 정확히 기재하는 것이 우선이다.

제공되는 효익(Benefit Statement)

실제 고객에게 제공되는 혜택을 말하는 것으로 경쟁사와 차별적 우위를 구축해야 한다. 이때 효익을 추가할 수 있고, 알려지지 않은 효익을 찾아줄 수도 있다. 또는 다른 것과 같이 사용하여 효익을 배가시키는 방법도 제시할 수 있다. 따라서 고객에게 혜택이 되는 정보를 여러 가지 함축하여 제공해야 한다.

예) 소음이 적다.

다 해결해준다.

미백효과.

외국 어디에서도 통화가 가능.

지식까지 찾아준다.

신뢰성의 제공(Reason to Believe)

고객이 꼭 사용해야 하는 이유를 명확히 제시하는 것이다. 여기에서 가장 중요한 사항은 사용해야 할 이유에 대한 논리성도 같이 언급해야 한다는 것이다. 그리고 경쟁사와의 차별성은 당연히 갖추어야 할 사항이다.

예) 저도 사용하고 있어요.

　　30년의 전통을 이어갑니다.

　　외국 콘테스트에서 대상수상 등.

컨셉의 내용체계

컨셉이 개발되면 그 표현방법은 핵심단어(Key Word) + 헤드라인 (Headline) + 슬로건 (Slogan) + 요약 내용 등으로 구성되어 활용된다.

핵심단어

모든 유혹은 컨셉에서 시작을 한다. 따라서 핵심단어부터 기획이 잘 되어야 한다.

컨셉에 있어서 가장 중요한 것은 해당내용의 정확성·지향성·효익을 함축적으로 표현하는 것이다. 이를 핵심단어(Key Word)라 한다. 이것을 잘 활용하여 고객의 마음에 해당 키워드 내용이 기억되게 할 수 있다(포지셔닝). 따라서 키워드는 현 상태 그대로의 특징을 정확히 나타내야 한다.

- 먼저 개발이 되어 다른 내용의 작성방향을 제시해야 한다.
- 가장 중요하고 함축된 아이디어를 표현하는 문장이 되어야 한다.
- 고객들을 집중시키기 위해 명확하고 확실한 단어로 되어야 한다.
- 고객들에게 기억될 수 있는 내용만 생각해야 한다.

핵심단어는 컨셉을 개발하기 위한 기본방향을 제시하기도 하며 그 자체가 컨셉이 되기도 한다.

핵심단어의 기술
- 최적성: 고객의 효익에 부합하며 목표고객이 공감 가능한 것.
  제품 및 서비스의 기본적인 방향 안내.
- 미래성: 미래지향적인 내용이 포함된다.
- 집약도: 단어 안에 함축된 내용으로 단순 명쾌하고 독특해야 한다.
- 이해도: 단어를 보면 누구나 바로 이해할 수 있는 내용이어야 한다.
- 보편성: 일반적으로 잘 쓰이는 단어를 추출해서 신뢰감을 갖게 해 줄 수 있어야 한다.
- 공감성: 구체적이고 실제적이며 당연한 이미지를 보여주어야 한다.

핵심단어(예)
- 침대＝과학
- 휴대전화＝장난감/사무실
- 부엌가구＝가구
- 피부미용실＝휴식처/사교장
- 목욕실＝휴식처

- 자동차＝권위
- 레스토랑＝사교/엔터테인먼트/맛샘
- 노트북＝영화관/사무실/도서관
- 책상＝사적인 공간
- 영화관, 공연장＝엔터테인먼트/즐거움/스트레스 해소
- 백화점＝호기심/설렘/정보전달 중심
- 전문점＝호기심/환희/놀라움
- 과자, 빵＝즐거움/웰빙
- 식품점＝웰빙/영양(다이어트)
- 은행, 증권＝재테크
- 오피스텔＝첨단사무실

헤드라인(Headline)

컨셉의 가장 중요한 아이디어를 표현하는 문장, 즉 컨셉의 요약이다.
헤드라인은 다른 요소를 작성한 후 맨 마지막으로 작성한다(컨셉의
요약이므로).

헤드라인의 특징

헤드라인의 첫 번째 요건은 고객에게 컨셉내용을 성공적으로 전달
하고 이해시키는 것이다. 현대는 날로 복잡해진다. 이제는 정보화사회
가 되어 항상 바쁘다 보니 헤드라인만 보는 사람들이 증가하고 있다.
따라서 헤드라인 개발에 대한 노력이 많이 소요되고 있다.

헤드라인의 기능

- 헤드라인은 무엇보다도 고객의 주의를 끌 수 있어야 한다. 다른 재미가 있고 위트와 기지가 번뜩이지 않으면 독자는 쉽게 주목을 하지 않는다. 진정으로 고객의 주목을 끌기 위해서는 상품이 갖는 본질적인 특질이 소비자의 이익으로 이어지도록 매력적인 내용으로 표현되어야 한다.

- 고객들이 본문을 끝까지 읽도록 이끄는 것이다. 그런 헤드라인을 만들기 위해서는 우선 목표고객 계층이 가장 절실해하는 수요의 요인이 무엇인지를 정확히 파악해야 하고, 그에 부합하는 이 제품만의 특장점(USP: Unique Selling Point)이 무엇인지를 알아낸 다음 이를 토대로 한 소구점(Concept)을 설정해야 한다.

- 목표고객의 정확한 선정이다.

- 직접소구, 즉 헤드라인 그 자체로 소비자에게 어떤 즉각적인 행동을 촉발시켜야 한다는 것이다. 이는 헤드라인만을 읽어도 해당컨셉을 이해할 수 있는 내용을 말한다.

내용구성

- 소비자혜택에 바탕을 둔 헤드라인이 가장 효과적이다. 일반적으로 가장 중요한 아이디어는 "그 제품이 나를 위해 무엇을 해줄 것인가?"에 대한 대답일 경우가 많다('잠을 잘 자고 싶다' '정말 맵다').

- 소비자의 주의를 끌기 위해 자극·충격적일 필요는 없다. 일반적인 프린트광고와는 다르게 테스트 상황에서 소비자들이 이미 주의를 집중하고 있기 때문이다.

- 명확하고 포커스는 하나로 맞춰져야 한다. 컨셉 전체를 헤드라인

에서 모두 표현하려고 하면 안 된다.

- 오로지 헤드라인만이 소비자들에게 기억될 수 있다는 생각으로 개발한다.
- 헤드라인은 다른 요소를 작성한 후 맨 마지막으로 작성한다.

슬로건(Slogan)

요건
- 최선의 문제해결 방법.
- 감각으로 떨리는 말, 의미를 되울리는 말, 그러나 유별난 것 또는 신비한 것은 아니다.
- 소비자의 언어로 써라.
- 시작을 흥미롭게 하라.
- 명사와 동사를 써라.
- 대화체로 써라.
- '세계' '최고' '전통' '앞서가는' '믿을 수 있는' 이런 단어는 쓰지 않는 것이 좋다.

슬로건의 내용
- 첫 센텐스는 힘있게 요약해서 단도직입적으로 접근한다.
- 한 센텐스는 한 가지 내용만 담는다.
- 단숨에 완전문장을 시도하지 말라.
- 근본목적에서 이탈하지 않는다.
- 중학생 수준의 언어를 구사한다.

슬로건(예)

• 제너럴일렉트릭의 슬로건 변화(23년 만에 전환)

　삶을 윤택하게(We bring good things to life)

　–소비자에게는 친숙, 그러나 기술력의 이미지는 없다.

　–주력제품: 전구, 오븐, 냉장고 등 소비자 가전제품.

　→**상상에서 현실로**(Imagine at work)

　–기술과 서비스 위주의 회사.

　–주력제품: 항공기엔진, 발전기, 의료기기, 금융 등으로 확대.

• LVMH그룹(명품인 루이비통, 크리스찬디올 브랜드를 소유한 회사)

　–최근 고객들의 욕구변화: 단순한 피부미용을 위한 화장품 구매에서 몸 전체

　를 가꾸면서 편안한 분위기에서 휴식을 즐기는 매장 선호.

　–피부관리실→스파(피부관리＋사우나＋마사지) 매장으로 전환.

04 : 컨셉개발 시 검토요소

컨셉개발에 대해서는 여러 가지 의견이 있겠지만 가장 중요한 것은 눈높이, 즉 시야를 확대해야 한다는 것이다. 시장을 보는 시야확대(시장변화 트렌드의 파악), 시장환경을 분석하는 방법이 달라지지 않으면 컨셉의 의미와 활용은 좁아지거나 달리 표현될 수 있다. 이는 매우 중요한 사항이므로 시야확대를 위한 노력이 매우 필요하다.

이를 위해서 고객이 가장 필요하다고 생각하는 요인(가치)이 무엇인지를 확인하고 이 중 고객의 불만사항과 미충족요인은 무엇인가를 파악하여 이를 컨셉개발에 적극 활용해야 한다. 그리고 추가로 검토해야할 사항은 경쟁자(해당회사와 시장에서 직접 경쟁하는 자, 직접경쟁자는 아니지만 시장에서 새로운 방법이나 아이디어를 제공하여 성장하고 있는 자)들에 대한 변화를 항상 참고해야 한다.

사용가치가 중요하다

　소득의 증가와 구매수준의 변화로 구입가치가 달라지고 있다. 제품의 품질은 기본이고 이제는 디자인과 색감, 제공되는 서비스가 좋아야 구매의 우선순위가 되는 것이다. 대기업제품이 아니라 디자인이 좋은 중소기업 MP3가 팔리고 있고, 저가제품 화장품의 인기가 계속 상승하고 있다. 고객의 제품 및 서비스 구매기준이 제품의 품질과 가격중심에서 실제 혜택을 받을 수 있는 가치중심으로 구매기준이 변하고 있는 것이다.

　이러한 변화는 매우 빠르고 다양하게 나타나고 있어 기업의 경영에서는 과거의 방식이 아닌 새로운 방식을 필요로 하고 있다. 시장전략에 대한 내용을 전체적으로 검토할 시기가 도래하고 있는 것이다.

　지금까지 대부분의 기업들은 구매하도록 고객을 설득하는 일에 중점을 둘 뿐, 실제로 사용하면서 고객이 느끼는 사항에 대해서는 거의 신경을 쓰지 않았다. 이제는 달라져야 한다. 고객에게 높은 사용가치를 제공하기 위해서는 소비상황이 고객에게 어떤 의미를 주는지를 철저히 분석해야 한다.

　사용가치란 소비자가 다양한 상황에 참여하고, 그것을 겪는 과정에서 자연적으로 경험하게 되는 것을 말한다. 스웨덴의 가구회사 이케아(Ikea)는 사용가치를 중심으로 제품판매를 하고 있다. 소비상황을 면밀히 분석하고 매장 안에 전시된 각종 가구와 액세서리를 소비상황을 중심으로 전시하는 것으로 유명하다. 즉, '하루 동안의 여행' '야외의 즐거움' 등 소비상황을 특정 테마로 완성하여 고객에게 가상적으로 다양한 생활방식을 제시하고 있다. 이를 통해 이케아가구를 사용하면 얻게 되는 가치를 소비상황별로 느낄 수 있게 하는 것이다.

따라서 가치를 빨리 발견해야 한다. 그러나 그 전에 가치를 정확히 이해하는 것이 중요하다.

예) 자판기 150원, 다방 2,000원, 커피전문점 3,000원, 스타벅스 커피숍 4,000원 등.
- 자판기 커피의 가치: 단순히 커피를 먹는 것으로 만족.
- 다방커피의 가치: 앉아서 담화를 할 수 있어 사람을 만나거나 잠깐 쉴 수가 있다.
- 커피전문점의 가치: 담화와 휴식을 취하면서 좀더 맛있는 커피를 먹을 수 있고, 오래 있고 싶도록 분위기가 좋다.
- 스타벅스 커피숍의 가치: 담화, 휴식, 맛있는 커피, 그리고 분위기도 좋다. 나아가 자유롭고, 다른 필요한 일도 할 수 있다.

같은 커피라도 파는 장소가 다르면 고객이 느끼는 가치가 달라서 판매가격을 다르게 책정해도 팔린다. 같은 커피인데 가격이 다른 이유는 무엇인가? 제공되는 가치와 고객이 인정하는 가치가 서로 다르기 때문에 이를 차별화하여 각 욕구에 적합한 가치를 제공하기 때문이 아닌가?

가치는 이와 같이 고객에게 서로 다른 만족을 제공하면서 서로 다른 가격형성에 대한 저항을 없애는 것이다. 제공되는 가치가 많을수록, 그리고 다른 데서는 볼 수 없는 가치일수록 가격이 높게 책정된다. 따라서 커피전문점은 커피의 맛, 생산지를 강조하지만 스타벅스 커피숍은 분위기를 강조한다.

최근 가치의 변화를 느껴보려면, 점포인 경우 스타벅스 커피숍, 더페이스샵, 투섬플레이스 베이커리 카페, 제품인 경우 세탁기는 트롬, 모바일폰은 스카이, MP3는 iPod, 오토바이는 할리데이비슨, 서비스인 경우 웅진코웨이의 렌탈제도, 싱가포르항공의 서비스방법, 사업방법 으로는 옥션, 사우스웨스트항공, 델컴퓨터, 싸이월드 등을 좀더 깊이 있게 연구해보라. 그러면 필요하고 차별화된 가치를 파악할 수 있을 것이다.

내가 생각하고 있는 것 또는 다른 유사업종과 다른 점은 무엇인지를 찾아보자.

본인이 직접 경험하고 확인하여 정말 진지하게 검토를 해야 한다. 컨셉트리(Concept Tree)나 다른 아이디어 창출방법을 활용할지라도 실제로 필요한 방향과 이들의 핵심역량을 확인할 필요가 있다. 이것을 정확히 나타내야 한다. 그리고 핵심역량, 즉 컨셉개발에 주축이 되는 내용이 유사한 사업 또는 경쟁회사와 무엇이 다른지를 검토해볼 필요가 있다. 여기서 확인되는 내용은 다른 사업이라도 활용이 가능한 요소가 많아지고 있으며 실제로 도입하여 성공을 하고 있다.

예) 구매/사용시기별 가치특징
- 구입 전 특징: 많은 정보를 취득하여 제품을 선정하고 가격보다는 가치를 더 중시하고 해당제품 구매 시에는 돈을 아끼지 않으나 1원 도 더 비싸게 구매하지는 않는다.
- 구입 시 특징: 다른 사람들이 구매하는 것은 나도 산다. 그러나 나는 다른 사람과 다른 것이어야 한다.
- 사용 시 요구: 구매조건과 다른 사항은 명확히 밝히며 또 제공되는 서비스는 철저히 활용한다.

가치란 무엇인가?

- 고객들의 구매행태가 어떻게 변하고 있는가?
- 고객들의 관심사항은 무엇인가?
- 이윤발생 요인은 무엇인가? 이들 질문에 적합한 답변의 단어는 가치(Value)다. 가치란 제품구입 및 서비스 시 고객이 지불하는 가격에 대해 고객이 사용을 통해 얻는 효익(효용 + 이익)을 말한다.
- 가격 〉 가치: 가치가 낮다. 가격이 비싸다. 사용만족도가 낮다. 해당제품 및 서비스의 재구매를 생각하지 않는다.
- 가격 〈 가치: 가치가 높다. 생각보다 좋다. 사용만족도가 높다. 재구매 의견과 다른 사람에게 추천의향도 있다.

이제 기술만으로 성장을 할 수 없는 이유는 무엇인가? 획기적인 기술은 개발이 어렵고 시간도 많이 소요된다. 그리고 개발이 되어도 후발업체의 빠른 모방으로 큰 이득이 별로 없어 자본회수가 제대로 되지 않는 경우가 많다. 따라서 이제는 같은 기술이라도 보다 개발이 쉽고 시장접근이 용이한 핵심역량의 차별화를 통해 경쟁우위를 높이고 확고히 하는 많은 회사들이 시장을 주도하고 있다.

개발이 쉽고 시장접근이 용이한 것은 무엇인가? 시장변화를 정확히 파악하여 시장에 적합한 사업방법을 개발하고 진입해서 성공하는 것이다. 이를 위해서는 시장의 변화를 가장 잘 나타내는 고객가치의 정확한 확인이 우선이다.

경쟁에서 제품 및 서비스는 차별적 우위가 없으면 가격경쟁밖에 경쟁요인이 없다. 이때 고객의 선택요인은 가장 낮은 가격이다. 해당제품 및 서비스를 구매할 가치는 가격 이외에는 다른 것이 없기 때문이다.

따라서 가치＝제품구입에 투자하는 금액 + 구입 시 추가로 제공되는 요소(점포인 경우 친절·서비스, 점포위치, 영업시간 등) + 제품 및 서비스의 가격 외적 요인(스타일, 모양, 색상, 편리함, 신속성 등)으로 형성된다. 그리고 최근에는 고객이 구매 및 사용을 통해서 얻을 수 있는 경험(자부심, 권위, 편안, 차별성 등)이 포함되고 있다. 이 내용들에서 실제로 차별화되면서 고객이 요구하는 것을 찾아야 하는데 노력이 많이 필요하다.

귀사가 확인한 고객가치는 무엇인가? 고객은 항상 달라지고 있다. 특히 요즘 고객은 더 심하다. 고객의 소득과 구매패턴이 변했다. 그리고 그들의 실제 구매요인도 많이 달라졌다.

이러한 변화에 적합한 것은 무엇인가? (   )

그러면 지금 또는 앞으로 고객이 필요로 하는 것은 무엇인가? (   )

해당고객이 귀사에서 실제로 구매하고 싶은 것은 (   )이다.

목표고객에게 정말 원하는 것을 제공해준다면 가격은 그리 중요한 것이 아니다.

그러면 귀사에서 제공할 것은 무엇인가? (   )

현재 해당사업과 관련해서 ( ) 안의 내용은 무엇인가? 한번 적어보자. ( ) 안의 내용이 바로 시장에서 원하는 가치다.

가치구조

요구가치를 정확히 파악하고 활용하려면 가치구조를 작성하여 검토하면 좀더 쉽게 할 수 있다.

가치구조는 제품 및 서비스 자체의 특징, 제품 및 서비스의 정보탐색, 제품이 고객에게 전달되는 과정, 고객의 구매행동과 특징, 사용만족과 사후관리 등으로 나누어질 수 있다.

각각의 가치구조에 포함되는 세부내용들이 가치특징을 가지고 있는데 기업들이 이를 얼마나 잘 활용·관리하느냐에 따라 고객이 느끼는 가치의 크기는 다르게 나타난다. 따라서 각각의 가치구조 내용별로 고객만족 증대와 차별적 우위를 갖추게 하는 것이 기업의 고객가치 창출활동이다.

고객들은 제품 및 서비스를 구매해서 사용할 때 일련의 경험과정을 겪는다. 그것에는 제품 및 서비스의 탐색을 시작으로 구매배송→사용→유지/보수→폐기/처분에 이르는 6단계의 사이클이 있다. 따라서 기업은 각 단계에서 발생하는 고객의 불만사항, 미충족욕구 그리고 기타 문제점 등이 무엇인지를 잘 파악하여 새로운 고객가치를 발굴할 수 있는 기회를 가질 수 있다.

실제의 고객가치는 단계별로 고객이 추구하는 효용가치를 분석해봄으로써 도출할 수 있다. 물론 제품 및 서비스별로 고객가치에는 차이가 있다. 판매하는 제품 및 서비스의 특성을 감안하여 고객가치를 찾아내는 노력이 매우 중요하다. 그리고 찾아냈다면 향후 열람이 가능하도록 자료화하는 것도 필요하다.

가치구조(예)

구분(기본목표)	세부요소	차별화 요소
상품/서비스 탐색 (내용이해가 쉽고 빠르게)	상품 및 서비스의 특징	· 주요기능 · 감성요인 · 제공할 효익
	정보파악	· 정보접근 소요시간 · 접근의 신속성 · 내용의 이해 용이성

구매 (즐거움 제공)	구매활동	· 종류의 다양성 · 가격의 차별성
	점포	· 점포위치, 온라인점포, 무점포판매 · 이미지: 편안, 깨끗, 럭셔리 · 구매편리성: 동선, 진열, 정보지원 · 종업원: 복장, 미소, 지식수준, 화법 · 이벤트: 마일리지, 판촉활동
배송 (빠르게 정확히)	납품	· 속도 · 편의성 · 적시성 · 제품설치
사용 (체험만족도 증대)	기능적 가치 사회적 가치 감정적 가치 인식적 가치 조건적 가치	· 내구성(TV, 냉장고), 신뢰성(냉방효과,삶는 효과) · 사회적 인정 정도(고장이 잘 나지 않는다) · 감성·감정적 교류사항(블로그, 제품이미지) · 상품의 독특성과 만족도(신 아이디어 사업/상품) · 가치의 확장(복합기능제품, 용도의 확대) · 효용 · 권위 · 재미 · 이미지 상승 · 편리성 · 편안 · 고객관리 · 생산성
애프터서비스 (빠르고 정확히)	청구	· 청구절차의 용이성 · 간편성
	고객대응	· 속도 · 적시성 · 소요비용
폐기/처분 (빠르고 저렴하게)	처리과정	· 간편성 · 처리비용 · 재활용 · 환경친화성

가치의 변화방향

　IT기술의 발달, 소득의 증가에 따른 선호도의 진화, 라이프스타일의 변화, 신세대의 구매역량 증대, 글로벌라이제이션 확대 등은 새로운 가치체계를 형성하고 있다. 이는 지금까지의 내용과 다른 새로운 소비행태와 문화를 나타내고 있다. 따라서 기존의 사업방식은 시장에서 점점 인기가 줄어들고 있다.

예를 들어, 최근 신세대들의 소비현상을 보면 우선 소비행위 자체에서 자기만족감을 극대화하려고 한다. 그래서 다른 사람이 무어라 하든 자기가 좋아하는 것을 구매해서 사용한다. 또 하나는 자기를 과시하는 상징성이다. 휴대전화가 비싸도 자기차별화를 갖출 수 있는 것이면 과감하게 구매한다.

또 몇 개월 전에 백화점에서 PDP TV를 특별할인하는 행사가 있었는데 백화점에서 한 달 판매할 물량이 불과 며칠 만에 다 판매가 된 적이 있다. 주로 혼수품으로 팔렸다고 한다. 다른 것은 몰라도 TV 하나는 제대로 된 것을 갖추겠다는 것이다. 학생들은 자기가 갖고 싶은 것을 갖기 위해 아르바이트를 해서라도 구매를 하고 있다. 이러한 현상은 기존의 사업방식으로는 대응하기가 어려운 상황이다.

고객이 적당한 가격으로 재미있고 만족스럽게 즐길 수 있으며 또 사용을 통해 권위, 차별성, 개성 등을 얻을 수 있는 것을 제공하는 것도 새로운 사업방법의 하나다. (극장-CGV, 핸드백-MCM · Metrocity, 화장품전문점-더페이스샵 등)→새로운 차별성을 느끼도록 하라.

사용가치의 핵심사항을 파악하여 컨셉방향을 정리해보자. 산업 전체 핵심가치 이동을 중심으로 확인해보면 아래와 같다.

- 점포가 없이 사이버마켓을 개설하여 판매하는 방법, 또는 제품의 이미지를 더욱 강화하기 위해 전문제품을 중심으로 판매하는 것이 성장하고 있다.

- 어떤 것이든지 디자인과 감성은 강조되어야 한다. 아니 필수사항이다.
- 같은 가격이면 몸에 좋고, 편리하고, 멋이 있으면 더욱 좋다(웰빙). 또는 가격이 좀 높더라도 더욱 높은 가치를 얻을 수 있는 것이면 구매한다(매스티지).
- 시장에서 중가가격은 그리 호응을 받지 못하고 있다. 비싸면 좋든지, 저렴하면 실용적이든지 둘 중 하나를 선택하면 사업기회가 더 많이 생긴다.
- 그리고 편리해야 한다. 나아가 제조, 판매, 배달, A/S 등 이제는 신속성을 갖추지 않으면 경쟁력을 갖출 수 없다.
- '내가 이것을 가지고 있으면, 또는 사용하거나 입으면 나만의 자부심을 느낀다' 등의 생각을 갖게 하면 보다 높은 가격으로 보다 많이 팔 수 있다.
- 점포는 원스톱쇼핑, 자기만의 멋을 추구할 수 있는 곳, 편안하고 아늑한 느낌을 주는 곳, 최상의 멋이나 맛을 줄 수 있는 곳, 감성적인 이미지를 느낄 수 있는 곳이면 찾아다닌다.

감성가치

상품기능을 통한 만족은 기본이고 상품의 느낌이 주는 것까지 만족시켜야 한다. 최근에는 기술과 제품의 질이 비슷해지고 경쟁이 치열해지면서 기능보다는 소비자 공감도가 경쟁우위 요소가 되었다. 고객을 공감시키는 것이 무엇일까? 예를 들면 제품의 성능보다 제품의 느낌이나 분위기 등 고객이 필요로 하는 감성이 이에 포함된다. 업종, 제품 및 서비스는 회사마다 다르지만 공감을 이끌어내는 요인은 거의 비슷하다.

고객이 요구하는 가치 중 감성가치는 전 산업, 전 제품에서 필수요소가 되었다. 그리고 감성은 제품 및 서비스의 가치를 높이는 주요요소가 되고 있다. 또 감성요소는 차별적 우위를 구축하게 한다(세탁기-트롬, 자동차-미니, 시계-스와치, 가구-한샘, TV-브라비아 등). 제품은 다르지만 경쟁의 핵심가치는 감성요인이다(트롬-고급분위기 + 삶는 기능, 미니-작고 강한 차, 스와치-패션감각 등).

이제는 감성요소를 빼고는 제품 및 서비스의 경쟁력을 갖출 수 없다.

주요 감성요소

가볍다/작다/뽀얗다/부드럽다/편안/편리/밝다/선명/좋은 향/시원/상쾌/은은/고소/달콤/깔끔/깨끗/즐겁다/경쾌/스릴/친근/미끈/사랑/확실/신뢰/재미/저렴 등.

트렌드(Trend) 파악

트렌드는 마케팅 환경분석에서의 인구통계적·경제적·기술적·사회적·문화적 환경 등을 기본항목으로 분석하여 확인하고, 모든 전략에서 기본적으로 활용되는 컨셉, 포지셔닝(Positioning), 패러다임(Paradigm) 등에 영향을 주며, 경영과 마케팅전략의 핵심키워드라 할 수 있는 라이프스타일, 브랜드, 디자인, 아이디어, 커뮤니티 등의 분야에 영향을 준다. 따라서 트렌드에 대한 관심분야는 폭넓게 펼쳐지기 때문에 전략상의 모델을 개발한다 해도 변화하는 흐름을 적시에 반영해야 한다.

앞에서 살펴본 것처럼 고객이 모이는 장소에 대한 컨셉을 개발할 때 잊지 말아야 할 트렌드로 제1공간인 집이 편해야 했으며 그 다음은 제2공간인 사무실이 편해야 했다. 여러분의 사무실은 그래서 많이 변했다. 업무성과를 높일 수 있도록 분위기가 달라졌다.

그러나 이제는 집과 사무실의 중간인 제3공간이 편하고 즐거워야 한다.

제3공간이 바로 점포다. 앞에서 살펴본 것처럼 이에 해당되는 것은 마트, 찻집, 빵집, 보석집, 옷집, 미술관, 영화관 등 매우 많다.

한 번 더 강조를 하지만, 이제는 이런 곳이 변하고 있고 또 변신을 해야 한다.

최근의 트렌드(예)

다음의 여러 가지 환경변화 요인은 새로운 컨셉을 필요로 한다. 특히 최근에는 패러다임의 변화가 매우 심해서 보다 새로운 개념의 컨셉이 요구된다.

	환경적 요인	소비패턴의 변화	향후 기업대응
제도 정책	· 환경/자연주의(EHS) · 소비자보호정책 · 주5일근무제	· 웰빙 소비 · 건강, 환경에 대한 관심 고조 · 로하스(LOHAS) 확산	· 건강과 환경중시 마케팅 확산 · 웰빙컨셉의 신 브랜드개발 · 환경친화적 기업이미지 강화
인구 통계	· 싱글족 증가 · 소자화(小子化) 확산 · 고령화 심각	· 선택, 집중형 소비 · 1인 1 라이프스타일 증가 · 소비구조 조정 진전	· 개인별 맞춤화상품 대거출현 · 생활패턴 변화추적이 필수 · 개인용 상품 일반화
경제 산업	· 소득양극화 · 개인가치 중심 · 디지털 급진전	· 관계지향 소비 · 소비자 간 교류 확대 · 소비자&기업 간 관계구축	· 서비스의 고품질화·상품화 붐 · 교류지원사업 성장 · One Person 서비스 증대

미충족욕구 보완과 불만사항 해소

미충족욕구란 고객의 새로운 욕구에 적합한 가치를 제공하지 못해 나타나는 욕구다. 이것은 사용하면서 나타나는 불만사항과는 다른 내용이다.

이것은 과거에 충족하지 못한 가치를 충족시켜 사업을 성공시키는 방법을 말한다. 아이스크림을 먹을 때 '너무 달다' 는 표현은 불만사항이다. 그러나 '달지 않은 아이스크림은 없는가' 라는 사항은 미충족욕구다. 최근에 미충족욕구를 충족시켜 주는 방법이 좋은 사업기회를 창출하고 있다.

'TV는 화면이 밝아야 한다' 라고 하면 이는 미충족욕구를 나타낸 것이고 '흐리다' 고 하면 그것은 불만요인을 표시한 것이다. 따라서 미충족욕구란 현재 고객이 원하는 사항이 제공되지 않아서 발생하는 것이다.

미충족욕구가 크면 해당제품 및 서비스에 대한 기대가 크고 욕구를 충족시킬 수 있다면 해당제품 및 서비스는 판매량이 증대한다. 컨셉은 고객의 미충족욕구를 정확히 확인하고 이를 제대로 충족시킬 수 있는 요소를 찾아내어 잘 알릴 수 있도록 표현하는 것이다. 불만사항은 현재 미흡한 현상이 발생하여 표출된 상태를 말하며 미충족욕구는 더 좋은 것, 더 나은 것이 있는 것을 찾는 것을 말하므로 이에 대한 내용을 정확히 이해해야 한다.

여러분이 관장하고 있는 제품 및 서비스에 대한 미충족욕구는 무엇인가?

경쟁자 검토

최근에 가장 잘 사용하는 방법이지만 실제로 이를 파악하는 데는 시장을 넓게 봐야 하는 어려움이 있다. 따라서 경쟁자를 확인하는 눈과 검토하는 방법이 달라져야 한다. 그 결과로 선도하는 컨셉을 활용할 수 있다. 배달은 피자회사에서 먼저 한 것이 아니다. 당연히 배달회사는 별도의 사업이다. 바디샵이라는 회사는 더페이스샵과 미샤의 모방모델이 되었다.

이제는 경쟁사도 아닌 회사가 어떤 일을 한다고 해서 무시할 것이 아니라 도움이 되고 활용가치가 높은지를 확인하여 도입할 필요가 있다. 산업 전체의 아이디어나 새로운 사업방법이 있는가를 수시로 파악해야 한다. 경쟁자는 자사와 같은 제품 및 서비스를 만들거나 파는 회사만 경쟁자가 아니다. 경쟁의 범위가 무너지고 있다.

경쟁의 변천사를 보면, 처음에는 보다 좋은 제품을 만드는 것이 경쟁력이 되었다. 그 후에는 누가 먼저 소비자가 원하는 제품을 만드느냐 하는 것이 핵심역량이 되었다. 그러나 최근에는 기술과 제품의 질이 비슷해지고 경쟁이 치열해지면서 해당제품 및 서비스가 소비자를 공감시키는 정도가 경쟁우위 요소가 되었다.

고객을 공감시킬 수 있는 것은 무엇일까? 그것은 업종이나 제품 및 서비스 그리고 회사마다 다를 것이다. 하지만 공감을 이끌어내는 요인은 거의 비슷하다. 따라서 경쟁자라고 생각하는 범위가 넓어지고 있다.

스타벅스의 성공은 경쟁의 경계가 무의미하다는 것을 보여주고 있다. 커피를 파니 당연히 커피숍과 경쟁이 되어야 한다. 그런데 스타벅스의 매력은 공간이다. 스타벅스는 여유롭게, 자유롭게 만나는 공간을 제공하고 있다. 최근에는 라이프스타일에 맞추어 커피를 마시면서 책도 보고, 음악도 듣는 사업도 제공할 예정이다.

이런 상황에서 공간의 경쟁자는 누구일까? 소비가 아닌 문화공간이 이들과 경쟁을 하고 있다. 이와 같이 시장에서 성공을 거둔 기업들의 공통된 특징은 기존의 경쟁 룰을 따르지 않고 자사에 적합한 새로운 게임의 법칙을 만들어내어 전혀 새로운 방식으로 경쟁했다는 것이다.

05 : 컨셉개발 방법

구입에서 소비과정 중심의 컨셉개발

이는 고객의 만족도를 높이기 위한 여러 가지 구매와 사용환경을 제공하는 것을 말한다. 구매장소(편리한 곳, 여유가 있는 곳, 가보고 싶은 곳 등이 컨셉개발의 핵심사항으로 부각된다), 구매 시 제품 및 서비스의 특징 이해(제품 및 서비스에 대한 상세한 설명, 친절한 응대, 판매자의 자세와 지식내용 및 수준 등), A/S(사용 시 의문점 상담, 신속한 처리, 편리함, 접근성, 종업원 대응 등)가 체계화된 상태, 실천수준, 개선의 여지, 고객에게 강조할 경쟁력을 갖추었는지에 대한 검토가 필요하다. 이들 내용 중에서 차별적 우위나 핵심요소를 확인할 수 있으며 컨셉개발 활용요소가 된다.

"점포에 오시면 충분하고 친절하게 상담을 해드립니다. 의문점을 풀어드립니다. 우리 점포는 여러분 가까이에 있습니다. 편안함을 제공합니다. 많은 분들이 다녀갔습니다" 등 키워드나 헤드라인으로 컨셉의 경쟁우위를 풀어준다. 이때 컨셉은 더욱 편리한 여건 제공, 좋은 상담 여건 구비, 신속한 대응과 처리, 격이 있는 서비스 등으로 구성된다. 따라서 컨셉의 정립에서 최근 고객의 구매와 소비환경에 대한 고객의 의견은 무엇인지를 지속적으로 확인하여 개선하는 자세가 필요하다.

예) 델컴퓨터의 특징
- 주문의 편리함: 점포에 오지 않고 전화나 인터넷을 통해 주문.
- 나만의 제품준비: 고객이 원하는 스타일로 PC를 디자인해준다.
- 처리의 신속성: A/S는 신청 후 익일 개별방문 처리.
- A/S 정보제공: 업그레이드 정보제공.
- 상대적 가격경쟁력: 가격은 경쟁사보다 저렴.

위의 특징 중 어떤 내용이 컨셉으로 전달되는 것이 경쟁력이 있는가?
주문의 편리함, 나만의 제품, 가격경쟁력 중에서 이번에 컨셉화되는 것은 편리함이다. 고객이 일일이 점포에 갈 필요도 없고 해당규격의 제품을 구입하기가 어렵다고 생각한다면 주문의 편리함이 컨셉의 기본방향이 되는 것이다.
현재(변화된 가치사슬): 고객이 원하는 사양에 적합한 제품을 빠른 시간 내에 제공하는 사업.
- 사업정의: 유통회사.
- 주요컨셉: 빠르고 저렴한 PC 제공.
- 슬로건: '가치지향 구매의 장을 제공한다' 로 결정하고 실천을 해야 한다.

사례: 이스턴항공(Eastern Airlines)

- 회사현황: 미국 남부 쪽으로 장거리노선을 가지고 있다.

- 당시 상황

  - 휴가패턴: 매년 약 4,200만의 미국인들이 여름휴가 활용. 그중 4%만 비행기 이용. 그리고 2/3가량은 집에서 200마일 이내로 휴가를 간다.

  - 현상: 그 당시 경제는 침체해 있어, 비싼 휴가를 계획할 수 없었다. 따라서 대부분의 가정은 휴가 때 항공편 이용을 고려하지 않고 있다.

  - 경쟁사 동향: **경쟁자 1)** 갔던 휴가지를 다시 방문 안내. 알고 있는 곳에서는 안전하고 편안하게 느껴지므로 사람들은 한 번 갔던 곳을 계속 다시 찾곤 한다.

    경쟁자 2) 또 다른 특별휴가 계획을 위한 다른 장소 소개.

    경쟁자 3) 아무도 가보지 않았던 지역선택을 권장. 그들은 또한 휴가기간에 이것을 한데 묶어 바겐세일을 하였다.

    공통: 다른 모든 항공사들은 더 좋은 음식과 친절한 스튜어디스와 비행경험을 강조.

- 잠재고객 정의: 여행을 계획 중인 중산층 가정.

- 컨셉방향: 가족에게 멋진 경험을 선물하세요(장소가 아닌 경험을 강조).

- 광고목표: 200마일에서 1,000마일의 먼 장소로 가게 하는 것. 장소가 아닌 독특하고 성공적인 가족휴가 경험을 제공. 이스턴 휴가의 정신적 · 교육적 이익을 강조.

- 카피의 한 예: "당신의 가족을 집과 전혀 다른 곳으로 데리고 가세요." 조달가능한 비용으로 온 가족이 기억할 만한 여름을 아버지가 아들에게 선사하는 흐뭇한 장면은 타 회사의 광고에서는 찾아

볼 수 없다. 그 캠페인은 여러 면에서 가족이 새롭고 흥겨운 사건을 경험할 수 있다는 것을 극적으로 표현하였다. 누구를 설득하려는 게 아닌, 오히려 실험적인 광고였다.

- 결과: 제품 및 서비스, 가격의 강조만이 경쟁력을 갖추는 것은 아니다. 제품 및 서비스를 이용하면서 얻을 수 있는 것, 좋은 경험을 강조하여 고객유치에 성공한 것이다. 따라서 현재의 제품 및 서비스의 특징 또는 눈으로 비교될 수 있는 것만 컨셉으로 만들 수 있는 것은 아니다. 고객의 욕구패턴을 분석하면 실제로는 보이지 않는 상황으로 경쟁력을 갖출 수 있다. 따라서 이 경우는 소비과정에서 얻을 수 있는 경험을 컨셉으로 만들어 성공한 사례다.

차별적 우위 중심의 컨셉개발

현 고객들이 만족을 느끼는 범위는 어느 정도인가? 만족의 깊이와 넓이를 정확히 측정하고 명확히 제공해야 한다. 그렇다면 소비자들에게 어느 정도의 만족도를 제공해야 하는가? 현 제품 및 서비스의 만족·불만족사항 또는 새로운 관심사항에 대한 심도 있는 분석을 통해 만족요소 및 만족요소별 만족범위와 깊이를 정확히 확인해야 한다. 컨셉정립 담당자의 예리한 분석이 필요한 사항이다.

침대(예)

예를 들어 침대인 경우 편안해서 잠을 잘 자야 한다는 욕구는 같을 것이다. 그런데 '편안하다'를 '푹신하다'는 것으로 생각했는데 실제로 잠을 자고 나니 푹신한 것은 허리가 불편한 결과를 가져왔다. 이러한 불만사항을 해결하기 위해서는 푹신한 것이 아닌, 좀 딴딴한 것이 필요했다. 그래서 푹신한 것보다 좀 딴딴하여 잠을 잘 자게 하는 것이 침대이며, 이를 정확히 이해시키기 위해 침대는 정밀하고 딴딴하게 유지되도록 스프링의 강도, 스프링의 숫자 등의 적합성이 매우 중요하게 대두되었다. 그래서 실제 기술과 연구개발을 필요로 하게 된 것이다.

그러면 딴딴한 것만 편안한 잠을 자게 하는 침대인가? 옆사람이 자는 데 지장을 주지 않도록 침대가 흔들리지 않게 하는 것도 매우 중요하다. 스프링 공간에 진드기 등 해충이 번식하여 알레르기, 기침 등을 유발할 수도 있다. 이에 대응하여 출시된 새로운 침대(일명 라텍스)는 스프링침대의 약점을 보완한 제품으로 각광받고 있다. 이는 딴딴하고 출렁거리지도 않고 해충이 번식할 공간도 없으며 침대의 평평함도 오래 지속된다. 그런데 한 가지 단점은 스프링침대보다 가격이 높다는 것이다.

침대의 기본기능: 편안하다.

　　부가기능: 딴딴하다.

편안하다→푹신하다→허리가 불편하다.

　　　→침대가 딴딴하다→스프링이 좋아야 한다→정밀기술이 필요하다.

　　　→옆 사람에게 영향을 주지 않아야 한다.

　　　→스프링 공간에 해충이 번식하지 않아야 한다.

　　　→또 기간이 지날수록 평평함을 유지해야 한다.

　→ 스프링이 없는 침대-옆 사람에게 영향을 주지 않는다.

　　　　-해충이 번식할 공간이 없다.

　　　　-자연복원력이 있어 평평함의 유지기간이 길다.

침대의 품질속성을 비교해보면서 고객이 느끼는 만족의 범위와 깊이를 확인하고 이를 기초로 해당제품의 제품컨셉을 수립하여 고객에게 정확히, 빨리 이해를 시키고 나아가 오래도록 기억을 하게 하는 것이 컨셉수립자의 역할이다.

이제 침대는 정교하게 만들어져야 한다. 또 일반가구와 달리 구입·검토하는 점검사항이 다르다는 것도 고객은 알고 있다. 그래서 특정 브랜드를 찾는 경우가 예전보다 많이 증가하였다. 이제 침대는 가구, 즉 디자인과 색상만 가지고 결정하는 것이 아니다. 침대가 제공하는 가치가 달라야 한다. 그러면 침대에는 어떤 가치가 있는가?

침대는 하루 생활을 편하게 할 수 있는 기본이 된다. 따라서 이제부터는 편안한 생활을 영위할 수 있게 검토가 되어야 한다. 가구와는 제품방향이 전혀 다른 것이다. 침대는 편안한 생활을 제공하는 기본도구 중 하나고 그중 편안한 잠자리를 실현시켜 주는 것이다. 앞으로 침대의 사업방향은 편안한 생활을 영위시키는 잠자리를 제공하는 도구다. 따라서 컨셉의 방향은 편안한 잠을 계속 보여주어야 하는데 이를 느낄 수 있도록 고객에게 정보를 주어야 한다.

- 사업정의: 편안한 생활제공.
- 컨셉: 편안한 잠자리 실현.
- 슬로건: 침대는 과학이다.

리조트호텔(예)

"무엇이건 여행객 자신이 하고 싶은 것을 마음껏 할 수 있고 또 아무것도 안 할 수도 있다."

어느 리조트에 갔더니 식당 앞마당 평지 위에 둥그런 원이 그려져 있고 그 원 안으로 농구공을 굴릴 수 있도록 되어 있었다. 대부분의 사람들, 특히 남자들이 이것을 많이 해본다. 왜냐하면 공이 원 안에 들어가면 음료를 무료로 먹을 수 있기 때문이다. 그런데 들어가게 하는 게 어렵다.

평상시에 해보지 않았거나 또는 못 해본 것을 리조트 곳곳에 설치해 두어 투숙객들이 가능한 한 많은 즐거움을 느낄 수 있게 하는 리조트(빌리지라고 한다)가 있다.

여행의 즐거움에는 쉬는 것, 먹는 것, 경치나 이름난 지역을 감상하는 것, 쇼핑, 특별한 엔터테인먼트를 보는 것과 참여하는 것 등이 있다. 그런데 휴식 및 운동과 여러 가지 즐거움을 누리면서 식당에서는 자신이 원하는 메뉴를 선택하는 등 원하는 대로 자고, 놀고, 즐기고 하는 것을 만끽할 수 있는 곳은 별로 없을 것이다. 이 리조트는 업무를 보는 곳도 아니고 쉬는 곳도 아니다. 즐기는 곳이다. 호텔의 시설과 서비스를 제공하면서 다양한 즐길거리와 참여를 하면서 즐겁게 놀 수 있도록 한다. 여행의 개념을 바꿔주는 것이다. '고객은 다른 것에 신경 쓰지 않고 즐거워야 한다' 라는 여행에 대한 개념을 명확히 하여 사업을 하고 있다(초창기에는 숙소에 전화나 TV도 없었다). 그래서 다른 호텔에서는 느낄 수 없는 즐거움을 직접 참여하면서 즐길 수 있도록 다양하게 제공하고 있다.

이는 '누구나 노는 것도 자유고 놀지 않는 것도 자유' 라는 슬로건 하에 만들어진 리조트다. 메인식당 앞에 원을 그려놓고 식사를 하러 오는 사람들이 한 번씩 공을 굴려 넣어볼 수 있도록 유혹을 한다. 이런 놀이는 사실 일상생활에서 할 수 있는 것은 아니다. 설사 기회가 있다 해도 여러 사람들의 눈치 때문에 행동으로 옮기기는 어렵다. 그런데 이 리조트에서는 놀러 왔으니 마음껏 놀고, 시간의 여유와 장소활용을 잘하여 만족을 극대화시키고자 이런 놀이구역을 만들어놓았다.

고객의 욕구를 파악하여 일단 편안히 쉴 수 있게 하고(만약 아이들과 같이 왔으면 아이들을 돌봐주는 키드클럽이 따로 있어 각자 즐기고 저녁에 다시 만나게 되어 있다) 다양한 엔터테인먼트 프로그램을 통해 하루 종일 즐거움을 선사하면 고객은 정말 멋진 여행을 할 수 있을 것이다. 이러한 서비스를 제공하기 위해 이 호텔은 '누구나 마음껏 즐길 수 있는 놀이구역' 이라는 사업정의를 정립하였다. 이러한 사업정의를 실천하기 위해 호텔은 해변이 있고 지역적으로 외진 곳에 위치를 정하고, 다양한 재능과 외국어 실력을 겸비한 직원을 채용하여 고객을 응대하도록 하였다. 또 다양한 운동시설 및 놀이시설과 프로그램을 준비하여 고객을 맞이하고 있다.

그러면 이 호텔이 추구하는 컨셉은 무엇인가? (　　　　)
고객에게 컨셉을 정확히 전달하는 슬로건은 무엇인가? (　　　　)

( ) 안에 들어갈 수 있는 내용을 한번 적어보자.

호텔은 잠자는 것만으로는 고객의 욕구를 충족시킬 수 없다. 또 잠자는 고객만 상대해서는 호텔수익을 창출하기가 어렵다. 따라서 호텔들은 다양한 사업방향을 정해 색다르고 차별화된 시설과 프로그램을 제공하고 있는 것이다. 일반호텔, 비즈니스, 리조트(휴식과 즐거움을 제공), 부띠끄, 6성호텔 등 다양한 호텔이 등장하고 있다.

여기에 소개하는 호텔은 위의 내용처럼 고객에게 즐거움을 줄 수 있는 방법은 있는지(사업정의), 있다면 어떻게 해야 하는지(컨셉개발)를 철저히 연구하여 성공한 호텔이다.

- 사업정의: 마음껏 놀 수 있는 호텔.
- 컨셉: 놀이터 – 한 번 들으면 바로 이해가 되고 무엇인지 확실한 느낌이 파악된다.

  호텔이 놀이터이다? 확실히 놀려주는구나.
- 슬로건: 누구나 노는 것도 자유고 놀지 않는 것도 자유다.

  '내 마음대로 노는 것을 결정하고 의무는 없으니 좋다! 이제 제대로 쉴 수 있는 곳을 찾았다' 라는 느낌을 받게 한다.

이번 여행의 목적이 쉬면서 노는 것이라면 이 이상 정확한 단어와 적합한 호텔은 별로 없을 것이다.

구매장소 변화 중심의 컨셉개발

회사의 제품 및 서비스가 소비자들에게 어떻게 전달되는지를 생각해봄으로써 전략적 혁신의 기회를 잡을 수가 있는 사례를 한번 살펴보자.

화장품의 방문판매/전문(할인)점 이용/슈퍼마켓에서 구매/온라인 구매/전문유통점/자체 전문점이는 화장품 유통채널을 말하고 있다. LG에서 화장품을 처음 출시할 때 시장진입을 하려고 하니 기존의 방문판매, 백화점 등의 경쟁이 치열했다. 그래서 다른 유통경로를 검토하여 결정한 것이 바로 화장품 전문점이었다. 이 전문점을 통해 시장에 성공적으로 진입을 하여 2위 브랜드의 위치를 갖추었다. 그 후 CJ에서 화장품시장에 진입을 하였는데 역시 필요한 유통채널, 방문판매, 전문점 등에 진입을 하기에는 시장정착이 어려웠다. 그래서 소비자가 많이 찾아오는 슈퍼마켓에 진입하여 시장진입을 이뤄냈다. 최근에는 소비자를 직접 상대하는 것이 시장을 장악하고 유지하는 지름길이라고 판단하여 기존의 화장품전문점이 가지고 있는 할인점, 제품권유의 이미지에서 제품을 경험하고 좀더 전문성을 높인 자체 전문점을 개설하였다.

그 후 바디샵의 경우가 대표적인 감성지향적 산업인 화장품산업에 새로운 전략을 강조하며 성공한 사례다. 바디샵은 제품의 원료를 자연에서 추출하고 제품의 가격을 합리적으로 책정하기 위해 포장과 광고비를 지출하지 않았다. 그리고 양질의 제품을 적정한 가격으로 고객에게 제공하기 위해 독립적인 유통구조(직영점)를 구축하여 새로운 시장을 창출해 성공하였다. 우리나라에서 바디샵의 제품과 유통, 가격정책을 활용하여 화장품산업에 새로운 바람을 일으킨 것이 미샤와 더페이스샵이다.

이 당시 고객의 잠재욕구는 '좀더 저렴한 가격에 품질이 좋은 제품은 없는가'였다. 그리고 판매점포도 좀더 멋있는 곳이 필요했다(싼 제품을 판매하는 점포는 무언가 정돈이 잘 안 되어 있고 지저분하며 또 어떤 제품은 믿음이 안 가는 곳도 있다). 나아가 '제품소개와 나의 의문사항을 토의했으면 더욱 좋겠다' 등이었다.

고객상황: 화장품 선택

- 기초증상: 세안 후 얼굴이 뻣뻣하다. 얼굴에 수분이 없어 마른 상태일 때 나타난다. 그래서 공기 중에 수분이 적은 겨울철에 더욱 많이 나타난다.
- 대처방법: 수분을 공급한다(얼굴에 물을 뿌린다)-오래가질 않는다. 그래서 수분화장품을 사용하여 오래 지속시킨다. 어떤 스킨로션도 수분을 오래 지속시킨다.
- 구매기준: 동일효과이니 가격이 싼 것 선호.
- 사용 후 변화: 수분공급은 물론, 피부를 좋게 하였으면 한다-새로운 욕구생성.

  개선시키려면 어떻게 해야 하나-수분 + 피부개선제 사용.

  단지 수분유지뿐 아니라 피부를 개선시킨다-가격만으로는 경쟁이 어렵다.

  또 고객은 다른 효과를 더 보고 싶어한다.
- 그 이후: 개선시키면서 피부를 더 좋게 한다-미백, 주름방지, 기타기능.

해당고객에게 맞는 화장품은 무엇인가? 제품지식을 잘 모르는 고객은 어떻게 정보를 입수할까? 전문잡지, 전문가상담, 친구, 기타 누구와 상담을 하고 결정을 할까? 그런데 수분 + 개선 + 미백 + 주름방지 + 선탠 + 기타기능을 전부 갖춘 화장품은 불가능하다. 그 결과 수분전용, 피부개선 전용, 미백전용, 선탠 및 기타기능으로 구분된 화장품을 사용한다. 그러나 이는 비용부담이 많다. 따라서 복합기능을 갖춘 화장품이 인기다.

예를 들면: 수분 + 개선

미백 + 주름방지

주름 + 선탠 등.

최근 인기제품: 비비크림(화장을 했지만 화장을 한 것 같지 않은 느낌을 주는 제품), 기본적인 베이직 화장기능에 미백 또는 주름개선, 선탠기능 등을 복합적, 개별적으로 갖춘 화장품.

구매장소

구매상황: 아무 데서나 구매하지 않는다.

정품이어야 한다.

상담을 충분히 할 수 있는 곳이어야 한다.

가능한 한 깨끗한 점포면 좋겠다.

그리고 가까이 있으면 더 좋다.

나아가서 가격이 저렴하면 더욱 좋다.

구매방법

피부가 뻣뻣하다.

• 가까운 화장품점이 어디 있는가.

• 근처에 화장품전문점(할인점)이 있다.

• 추천을 해주는데 비싼 것 같고 확실한 믿음이 안 간다.

• 상담이 필요하다: 전문 화장품점은 비싸고 먼 곳에 있다. 아니면 백화점으로 가야 한다(피부상태 자문, 수분화장품만 사용, 추가제품의 필요성, 복합제품의 사용 여부, 기타).

• 상담을 하고 가까이 있는 곳은 없을까(나만의 화장품을 찾을 곳).

• 그리고 깨끗하며(신뢰성이 있고),

- 여러 가지 제품을 확인할 수 있고,
- 가격이 나에게 적합한 화장품이면 좋겠다.

고객의 욕구(변화): 고객이 제공받고 싶은 이익

고객의 편리함, 이익, 사용법, 체험하는 상황 등 고객의 관점에서 정리한다.

- 분위기: 깨끗하고 아늑하다(감성).
- 가격: 저렴하다(매스티지).
- 서비스: 친절히 상담을 해준다(권위).
- 제품규모: 제품이 다양하다(품질).
- 제품특징: 나에게 적합한 화장품을 선택할 수 있다(자기만의 정체성).
- 위치: 가까이, 또는 출퇴근 중에 갈 수 있는 곳(편리함)이다.
- 고객욕구 확인 시 항상 생각해야 할 사항: 최근 고객의 욕구변화 추세. 그 예로 품질, 웰빙, 매스티지, 편리/편안, 속도/배달, 권위 (고객을 높여주는 행동과 말씨), 감성 등이 있다.

위와 같은 조건을 맞출 수 있는 점포는 어디에 있는가? 신규진입자는 위와 같은 요건을 갖추어야 정착확률이 높다.

	화장품 할인점	백화점 전문점	신 점포
깨끗하다	4	7	7
저렴하다	6	2	7
친절하다	4	6	6
가까이에 있다	6	2	6
제품도 다양하다	6	2	5
	26	19	31

1-낮다, 10-높다

고객의 가치구조

	기존점포	새로운 가치
분위기	좁고, 어두운 편	넓고 화사한 편
판매방법	고객요구에 대응	고객요구를 지원, 보완, 자문
점원 수	1~2명	3~5명
제품 수	다양	한정
제품지식	넓고 다양	좁고 깊다
	고객과 별 차이가 없다	고객에게 좀더 깊은 지식을 전달
복장	다양	균일
효익	보다 저렴한 구매	보다 유익한 쇼핑
경쟁사	화장품전문점	백화점, 전문화장품점

고객가치: 분위기 있는 곳에서 제품설명과 안내를 받으면서 저렴한 가격으로 구매를 한다. 즉, 저렴한 가격에 유익한 쇼핑을 하는 것이다.

신 점포컨셉: 품질대비 저렴하면서도 가까우며 품격이 있는 점포.

그러나 이와 같은 방식의 아이디어 창출은 너무 기능중심으로 사고하게 만드는 부작용이 있다.

현대는 체험의 시대다. 미래에는 제품을 통해 얻을 수 있는 독특한 체험이 가장 확실한 차별화 요소가 될 것이다.

따라서 상품개발에 있어서도 소비자가 단순한 물리적인 측면 이외에 감성적·지적·정신적인 가치를 느낄 수 있도록 하는 노력이 요구된다.

기능추가 중심의 컨셉개발

기능추가는 판매를 확대하기 위해서 필히 해야 할 사항이다. '현 제품 및 서비스에 기능을 더 추가한다면? 다른 가치를 추구한다면, 또는 다른 고객으로 확대를 한다면?' 등과 같이 새로운 기능확대의 가능성을 탐색하기 위한 질문을 끊임없이 던져야 한다. 그런데 기능추가에서 어려운 사항은 기존제품과 같은 개념으로 본다는 것이다.

기능추가를 위해 첫째, 기존컨셉 또는 경쟁사 제품컨셉의 구성요소를 파악하여 내용을 하나 더 추가해본다.

과자: 바삭하고 고소하다-제대로 만들었다, 정말 고소하다

　　　+담백하다-다른 것과 혼합해서 같이 먹을 수 있다, 건강식 느낌이 든다

　　　+ 자주 먹어야 하니 갖고 다니기 편해야 한다(휴대용)

음료: 맛-콜라, 탄산음료

　　　+ 갈증해소-스포츠음료

　　　+ 영양-각종 천연주스

　　　+ 건강-생수, 2% 부족

　　　+ 미용-차 음료

　　　+ 새로운 음료?

이때 새로운 음료의 컨셉은 무엇일까? 바로 미용이다. 내용을 확대해서 본다면 미용을 위해 제공하는 음료인가, 물을 먹는데 미용에 필요한 재료를 약간 가미한 것인가?(허가조건을 생각하지 않고 방향을 검토한다면, 미용은 더욱 많은 고객을 확보하는 데 좋은 개념이다) 여하튼 미용이 중심

이 된 내용을 고객에게 전달할 필요가 있다.

둘째, 환경(추가욕구 또는 잠재욕구, 미충족욕구)을 잘 활용해보는 것이다.

> 깨끗한 피부: 유아 같은 피부-처녀들이 가장 갖고 싶은 피부
> 주름이 없는 피부-중년의 여인이 바라는 피부
> 잡티가 없는 피부-미시족 여인들이 추구하는 피부
> 하얀 피부-모든 여성이 바라는 피부

깨끗한 피부에 대한 생각이 고객에 따라 달라지고 있다. 그러므로 각 계층별로 필요로 하는 피부를 갖도록 제품을 개발해야 한다.

> 시원한 생활: 기본욕구-시원하도록 바람을 일으키면 된다.
> 그러나 한 사람보다 여러 사람에게 혜택을 주었으면 한다. 따라서 선풍기에서 에어컨으로 제품이 진화를 하였다.
> 이제는 더 시원하고 중간 중간 통풍기능을 하지 않고 지속적으로 사용하였으면 하니 공기정화 기능까지 첨부하였다. 이때 컨셉은 무엇인가?

셋째, 대체가능성에 대해 생각해보는 것도 좋은 방법이다.

보통 안경은 평상시에 실내에서 쓰고, 선글라스는 야외에서 강한 햇빛이 내리쬘 때 사용한다. 하지만 일반 안경렌즈가 선글라스 역할을 하도록 하면 어떨까? 햇빛의 강도에 따라 렌즈의 색깔이 변하는 기능을 추가한다면 소비자는 굳이 선글라스를 구입하지 않아도 될 것이다. 실제로 몇 년 전부터 감광렌즈를 활용한 신 개념 안경이 등장하여 소비자의 많은 호응을 받았다. 이와 같이 다양한 욕구변화에 대해 제품이 새

롭게 바뀌고 있는데 이때 컨셉이 같이 변해야 올바른 제품 및 서비스의 개념을 확실히 전달할 수 있다.

시대변화, 욕구의 진화 등으로 변하는 컨셉방향을 정확히 확인할 필요가 있다.

Part III

컨셉개발과 정착의
필요충분조건

01 : 컨셉수립 전의 **점검사항**

사업의 방향(정의) 검토

기술의 발달과 욕구의 변화는 해당제품 및 서비스의 시장영역을 불명확하게 하여 사업의 정의를 변화시키고 있다. 따라서 기존시장을 현상 그대로 보지 말고, 발상을 바꾸어 시장을 바라볼 필요가 있다.

생각하는 방법, 시장을 보는 방법을 바꾸는 것을 일반적으로 패러다임의 변화라고 하는데 이때 필요한 것이 새로운 사고다. 새로운 사고는 기존사고(사업의 관례적인 사항만 추가하는 방식으로 기존의 제품 및 서비스를 확장시키는 사고방식)와 달리 두 가지 상이한 제품 및 서비스를 조합하여 지금까지 없었던 방식을 창출하여 적용하는 방법을 말한다. 새로운 사고는 사업정의, 컨셉개발, 신제품 및 서비스개발 시 필수적으로 사용되는 방법이며 모든 사물을 보는 눈높이를 달리해야 가질 수 있다.

눈높이란? 사고의 틀, 사고하는 방법을 말한다. 빵은 언제 사는가? 보편적으로 아침에 먹기 위해 저녁에 구매한다. 구매와 사용하는 행태가 그렇게 되어 있다. 그런데 빵이 맛이 있을 때는 따뜻할 때다. 소비자들은 따뜻한 것을 원하는데 실제 라이프스타일과 구매상황은 그렇게 안 되어 있다. 저녁에 사고 아침에 먹는다. 구매와 거래 패러다임이 그렇게 되어 있는 것이다. 이것을 바꾸면 어떻게 될까? "당신의 아침 식탁에 따뜻한 빵을 제공해드립니다." 이 하나의 변화로 성공한 빵집이 많다.

이것이 사고의 틀을 바꾸는 것이다. 그런데 빵집의 광고를 보면 맛 있는 것만 강조한다. 그리고 다양한 제품군과 판촉활동 사항을 알리고 있다. 꼭 점포에 가서 구매를 해야 올바른 구매가 되는가? 그렇지 않다. 그래서 온라인판매와 홈쇼핑이 성장을 하고 있는 것이다. 다른 회사나 사람이 하는 것에 대한 약간의 변경으로 시장에 대처하는 것은 시간과 비용의 낭비를 초래할 수 있다. 패러다임의 변화는 성장의 물꼬를 트는 역할을 한다. 따라서 변화된 패러다임을 이용한 컨셉개발이 중요하다.

우선적으로 해야 할 것은 평상시 생각 안 하는 것 또는 기존에 해왔던 생각을 바꾸는 것이다. 특히 기존의 생각을 바꾸는 것은 기존의 습관과 방법을 바꾸는 것이라서 어려움과 장벽이 동시에 존재하기 때문에 쉽게 바꿀 수 있는 상황은 아니다(영업사원의 역할변화에서 바꾸기 어려운 이유를 언급하였다). 따라서 많은 연습이나 평상시 숙달이 되어 있지 않으면 어려움을 겪게 된다. 또 어떤 개발자는 그것이 무엇인지 파악하는 것도 힘들어하는 경우가 있다. 결론은, 생각하고 행동하는 방법을 바꿔서 기존상황에서 나타나는 현재의 어려움을 극복하거나 현재보다 더 발전적인 상황으로 진보시켜야 한다는 것이다. 이와 같이 생각하는 틀을 일반적으로 '패러다임'이라 한다. 이는 그 시대에만 맞는 원리원칙이다. 시장도 그런 것이 있다. 이것을 확인하여 반영할 때 올바른 컨셉이 정립될 수 있다.

새로운 시장 패러다임에 적응하고 또 창출해야 하는 것이 컨셉개발자의 임무이다. 나를 표현할 때 '나는 침대장사'라고 하면 침대만 파는 사람이라는 생각이 들고(이때는 주로 침대의 가격과 디자인을 강조한 판매가 이루어진다) '잠자리 비즈니스를 한다'고 하면 편안한 잠을 위해 침대를 포함해 다양한 제품을 팔고 있는 것이다.

그러면 어떻게 하면 편안하게 할 수 있을까?(이때는 침대의 기능을 강조한다) 내가 미용업을 한다면 나는 무엇을 팔면 좋을까? 커트와 파마를 해주는 것이 아니라 고객의 개성창출을 판다! 헤어스타일로 본인의 개성을 살려준다. 즉, 개인의 멋을 창출하는 사업이다. 그러면 어느 미용실을 더 이용할까? 소비자중심으로 생각하여 시장지향적인 정의를 내릴 수 있어야 한다.

이와 같이 사업에 대한 생각과 방법을 바꾸면 수익증대에 더욱 공헌을 할 수 있다. 침대를 팔 때는 침대의 특성을 중심으로 컨셉이 개발되는데 제품의 특성, 즉 스프링의 탄력성, 견고함, 편안함 등을 강조한다. 그러나 편안한 잠을 파는 사업이면 잠의 효과를 중심으로 컨셉이 개발되어 제품의 특성보다 잠을 잘 잤을 때의 효과를 강조한다. 따라서 컨셉의 개발방향부터 바뀌게 되는 것이다.

해당제품 및 서비스가 어떤 사업의 특징을 가지고 있는지, 또 어떤 사업으로 변하고 있는지를 먼저 확인하면 컨셉의 활용과 실천에 있어 더욱 효과적이다.

커피숍은 이제 커피만 파는 장소가 아니다. 커피를 마시면서 사람들이 즐겁고 친밀한 분위기를 느낄 수 있도록 감성적인 경험을 제공하는 공간이다.

스타벅스는 커피를 판매하기 때문에 다른 커피숍들이 경쟁사다. 하지만 스타벅스가 제공하는 공간은 사람들이 교류하고 대화하는 장소이고 쉬는 장소다. 따라서 영화관, 카페, 빵집 등과 경쟁관계에 있는 것이다(컨셉담당자들이 최근에 가장 주의 깊게 검토할 사항이다. 해당사업의 경쟁자가 누구인가). 커피보다 문화가 더 중요한 경쟁관계이니 컨셉정립 시 이에 대한 충분한 검토가 필요하다.

따라서 최근에는 고객의 라이프스타일을 중심으로 같은 유형의 스타일인 출판·음원사업도 병행하고 있다(커피 + 독서, 커피 + 음악). 스타벅스는 음악을 듣고, 책을 읽으며 커피를 마실 수 있는 다목적 문화공간으로 정착되고 있다.

커피숍에서 제조업체의 경영마인드를 활용하여 사업을 하면, 즉 스타벅스가 일반 커피숍과 같은 서비스를 제공하면 고객이 찾아갈까? 경쟁우위를 갖추려면 무엇인가 달라야 하는데 그 방향을 명확히 제시해야 차별적 비교우위를 구축할 수 있다. 이러한 잠재욕구를 찾아 컨셉을 개발해야 하는 컨셉담당자의 역할은 그래서 매우 어렵다.

커피는 원료 자체가 같기 때문에 어떻게 사용하느냐에 따라 고객이 느끼는 가치가 다르다.

가치단계별 특징	용도변화	사업재정의	경쟁력
원두커피	원료	재배업	원료의 품질 판매가격
인스턴트커피	기호품	제조업	구매빈도, 가격
커피숍	대화의 매개체	서비스업	맛, 사용빈도
스타벅스	문화	감성, 체험사업	문화, 분위기

컨셉개발 시 고객에게 필요한 정확한 내용을 파악하고 있는가? 그리고 컨셉개발 후 실제 활용과 실천이 되어 가치를 극대화시킬 수 있는가?

두 질문에 대해 정확한 답변이 안 되면 개발된 컨셉은 과연 쓸모 있는 것인가?

따라서 생각하는 방법, 시장을 보는 방법을 항상 명확히 한 후 컨셉개발을 할 필요가 있다.

이를 위해 컨셉개발자가 정확히 인식해야 할 사항을 다음에 정리해 놓았다. 이를 토대로 실제 사업의 방향을 명확히 하여 보다 발전적인 컨셉개발에 도움이 되었으면 한다.

컨셉개발자는 우선 고객이 원하는 욕구, 즉 가치의 변화를 정확히 알아야 한다. 그 다음으로 경쟁상대와 조건의 변화를 확인해야 한다. 이는 무엇이 새롭게 시장을 변화시키고 있는가를 파악하는 것이다. 여기서 산업 전체에서 새롭게 불고 있는 트렌드까지 검토하면 경쟁력을 갖춘 좋은 아이디어가 창출될 수 있다.

컨셉개발 시 필요한 눈높이 확인

	제품 및 서비스 변화	구매장소 변화	구입과정	소비과정*
기존 구매욕구	기본품질 우수	제품 및 서비스가 있는 곳	오프라인 유통점	1, 2가지 목적(즐김)
변화된 욕구	품질우수 당연 +추가기능 선호	편안, 휴식, 재미 멋스러운 곳	오프라인 다양화 +온라인 유통	여러 가지 목적(즐김)
사용가치**	저렴한 가격보다 좋은 제품 우선구매	편리함	느낌이 와야 한다	대우가 좋다

＊소비과정(예): 여러 가지 스트레스 해소와 자기만족 증대를 위한 욕구
　　　　　　　자유로울 수 있다/편안하다
　　　　　　　새로운 것을 경험하고 싶다(도전)
　　　　　　　서로 관계를 맺고 대화도 하고 싶다
　　　　　　　자기만의 독특한 매력을 갖고 싶다
＊＊사용가치(예): 저렴한 가격, 격조 있는 디자인, 보다 편리한 것, 품위 있는 대우, 보다 좋은 제품

가치이동과 주요트렌드 변화, 주 경쟁요소의 파악

여기서는 서로 이해를 돕기 위해 구분을 하였지만 서로 보완관계가 있으므로 활용의 기지가 필요하다.

산업 전체 핵심가치 이동	최근의 주요트렌드	최근의 주요 경쟁요소
· 감성, 웰빙, 매스티지 · 고가 또는 저가 · 편리함, 신속성, 편안함 · 복합기능 · 권위, 자긍심 등	· 문화, 라이프스타일, 체험중심 · 감성(재미와 즐거움) · 자기만족(개성) · 환경친화 · 삶의 질 · 글로벌라이제이션 등	· 저렴한 가격 · 격조 있는 디자인 · 보다 편리한 것 · 품위 있는 서비스 · 보다 좋은 제품 등

이 내용들은 컨셉을 개발할 때 기본적으로 한 번씩은 대입을 해볼 필요가 있는 단어들이다. 보다 나은 삶의 추구, 시간절약 및 편리함의 선호, 즐거움에 대한 요구, 사용을 통해 권위·차별성·개성 등을 얻을 수 있는 것을 제공하는 것도 새로운 사업방법의 하나다.

욕구의 변화

고객을 세분화하는 것은 소득이나 선호도 등이 달라서 한계가 있다. 따라서 욕구별로 세분화를 하고 이를 중심으로 컨셉을 개발하는 것이 필요하다. 특히 고객의 심리적 속성을 잘 관찰할 필요가 있다.

소득의 증가와 구매수준의 변화로 구입가치가 달라지고 있다. 제품의 품질은 기본이고 이제는 디자인과 색감 그리고 제공되는 서비스가 좋아야 구매의 우선순위가 된다. 대기업제품이 아니라 디자인이 좋은 중소기업 MP3가 팔리고 있고, 저가 화장품의 인기가 계속 상승하고 있다. 고객의 제품 및 서비스 구매기준이 제품품질과 가격중심에서 실제 혜택을 받을 수 있는 가치중심으로 변동하고 있다. 따라서 시장전략에 대한 내용을 전체적으로 검토할 시기가 도래하고 있는 것이다.

지금까지 대부분의 기업들은 고객이 구매하도록 설득하는 일에 중점을 둘 뿐, 실제로 사용하면서 고객이 느끼는 사항에 대해서는 거의 신경을 쓰지 않았다. 그러나 고객에게 높은 사용가치를 제공하기 위해서는 소비상황이 고객에게 어떤 의미를 주는지를 철저히 분석해야 한다. 사용가치란 소비자가 다양한 상황에 참여하고 그것을 겪는 과정에서 자연적으로 경험하게 되는 것을 말한다. 스웨덴의 가구회사 이케아는 사용가치를 중심으로 제품판매를 하고 있다. 이케아는 소비상황을 면밀히 분석하고 매장 안에 전시된 각종 가구와 액세서리를 소비상황 중심으로 전시하는 것으로 유명하다. 즉, '하루 동안의 여행' '야외의 즐거움' 등 소비상황을 특정테마로 완성하여 고객에게 가상적으로 다양한 생활방식을 제시하고 있다. 이를 통해 이케아가구를 사용하면 얻게 되는 가치를 소비상황별로 느낄 수 있게 하는 것이다(이것은 영업사원의 역할변화에서 다룬 제안영업과 같은 유형의 방법이다).

앞에서 언급했듯이 최근 가치의 변화를 느껴보려면 다음과 같은 경우를 좀더 깊이 있게 연구해보라.

- 점포인 경우: 스타벅스 커피숍, 더페이스샵, 투섬플레이스 베이커리 카페, CGV, ABC마트, 악세사리라이즈, 후터스 등.
- 제품인 경우: 세탁기-트롬, 자동차-미니, 핸드백-MCM · Metrocity, 크리스피도넛, MP3-iPod, 오토바이-할리데이비슨 등.
- 서비스인 경우: 웅진코웨이의 렌탈제도, 싱가포르항공의 서비스 방법, ups 등.
- 사업방법: 옥션, 사우스웨스트항공, 델컴퓨터, 싸이월드, IBM, ibis호텔, Clubmed 등.

이들이 내가 생각하고 있는 것 또는 다른 유사업종과 다른 것이 무엇인가를 확인해보자. 일반적으로 주변사람들의 이야기 또는 자신의 피상적인 생각으로 결론을 확정하지 말고, 본인이 직접 경험하고 확인하여 진지하게 검토를 해야 한다. 그리고 이들의 핵심역량을 확인하고 사업의 핵심역량이 유사한 사업 또는 경쟁회사와 무엇이 다른지를 검토해볼 필요가 있다. 여기서 확인되는 내용은 다른 사업에서도 활용이 가능한 요소가 많아지고 있으며 실제로 도입하여 성공을 하고 있다.

- 빵집이 아닌 맛있는 집: 먹는 것을 구입하러 가는 것이 아니라 맛있는 것을 얻기 위해 간다. 최근에는 맛있는 것을 좀더 분위기 있

는 곳에서 먹고 싶어하며 대화도 나눌 수 있는 곳을 찾는다. 베이커리샵→델리샵→베이커리 카페(또는 카페 베이커리)로 진화하였다. 이와 같이 사업의 진화에서 최근에 나타나는 컨셉은 무엇인가?(사업의 진화를 예측하여 보다 확실한 방향을 제시하는 컨셉디자인)

• 커피숍이 아닌 편안한 곳: 대화를 나누기 위한 장소. 이제는 커피도 맛이 있어야 하지만 자유롭게 대화를 나눌 수 있고 업무를 보거나 공부도 할 수 있는 곳을 찾는다(다방→커피숍→카페→에스프레소 커피숍→?).

• 자부심을 가질 수 있게 하는 디자인: 자신이 소유하거나 친구에게 선물하거나 일을 할 때 필요한 제품의 우선순위 중 가장 먼저 선택되는 것은 자기만의 자부심을 갖게 하는 것이다. 이를 가장 잘 표현해주는 것이 디자인이다. 경쟁관계에 있는 유사제품보다 크기·색상·모양이 달라야 한다(보다 새롭고, 보다 유혹적이며, 보다 갖고 싶은 것을 정확히 확인하는 컨셉디자인).

• 호텔이 아니고 즐길 수 있는 곳: 숙박이 우선인 호텔, 숙박을 위해 오는 고객은 얼마일까? 이제는 숙박만 가지고는 매출을 달성하기가 어렵다. 소득증가, 여가시간의 증가는 고객이 업무목적과 그 외의 숙박보다는 즐거움, 휴식, 또 다른 분위기를 필요로 하는 욕구를 갖게 하였다. 그래서 이제는 여러 가지 목적의 다양한 호텔이 나타나고 있다. 6성호텔, 디자이너부띠끄호텔, 리조트호텔, 라이브러리호텔, 이벤트호텔 등(더욱 편리하고 재미를 추구하는 고객의 욕구를 미리 선도하는 컨셉디자인).

• 피자가 아니고 빨리 배달하는 것: 편안하다. 이면에는 게으름이 있다. 이에 적응하기 위해 기업이 가장 먼저 한 행동은 배달이다.

그런데 피자는 다른 음식과 조금 다른 점이 있다. 우선 식으면 맛이 떨어진다(업계에서 최적온도는 섭씨 65도라 한다). 그런데 배달할 때 식는 경우가 많기 때문에 배달을 안 하는 것이 나을 수 있다. 그럼에도 배달을 과감히 시행하여 시장점유를 빨리, 많이 한 경우도 있다. 이때 어떻게 고객에게 알렸을까? '예정된 시간이 넘으면 공짜' 이것보다 더 확실한 슬로건은 없다. 경쟁력이 달라지면 전달 이미지도 명확해진다(새로운 사업방법을 찾아서 강점으로 만드는 컨셉디자인).

시장의 갭을 해결

시장의 갭이란 고객의 욕구와 실제 제품과의 차이를 말하는 것으로, 이에 적응하기 위해서는 새로운 가치의 창조가 중요하다. 컨셉개발 시 고객에게 필요한 내용을 정확하게 파악하고 있는가? 그리고 컨셉개발 후 그것을 실천하고 활용하여 가치를 극대화시킬 수 있는가?

앞에서도 언급했듯이 컨셉개발자는 이에 대한 정확한 답을 제시할 수 있어야 한다. 즉, 생각하는 방법과 시장을 보는 방법을 명확히 한 후 컨셉개발을 해야 한다.

고객가치의 변화를 정확히 확인하자

귀사가 지금까지 제공한 고객에 대한 혜택은 어떤 것이었는가? 어떤 가치가 고객이 가장 좋아하는 요인인가? 경쟁사보다 부족한 것, 아예 없는 것, 귀사만 보유한 것은 무엇인가?

아래 내용은 참고사항이며 각 회사에 적합하도록 수정·활용하면서 검토해보자. 특히 최근에는 품질의 차가 별로 없기 때문에 하드웨어적 가치에서는 크기·디자인·용도 등이, 소프트웨어적 가치에서는 편리함·차별성·첨단성·쾌적성·권위성 등이 고객들이 많이 찾는 가치내용이다.

고객의 변화(예)

고객욕구의 변화사항을 항상 우선적으로 파악하고 있어야 한다.

고객의 재확인	과거	현재	앞으로
주요고객	품질	가격이 보다 저렴	감성
구매 영향자	품질	기능	디자인

고객욕구의 변화사항은 무엇인가?

품질은 비슷하여 가격경쟁이 선택요건이 되어왔으나 얼마 전부터 디자인·크기·색감·기능 등을 주축으로 하여 감성중심으로 변하고 있다.

제품 및 서비스의 변화사항: 냉장고(예)

고객들의 구매요인	과거	현재	앞으로
제품 및 서비스 품질	갖고 싶은 제품을 찾는다	사용하기 편한 것을 찾는다	미적가치가 있는 것을 찾는다(감성욕구)
제품 및 서비스 기능	냉동실·냉장실의 성능	보관 및 이용의 기능	색상·크기와 디자인
제품 및 서비스 부가혜택		보관 및 이용의 편리	미적 가치

고객들의 구매요인	과거	현재	앞으로
변화된 구매기준	품질	기능	디자인
제품 및 서비스 내용			
용 도	요리필수품	부엌용품	거실용품
효 용	저장	장기 및 다량 저장	멋
가 치	실용성	활용성	권위
기 타	상하형	상하형 용량이 크다	양면형 소리가 작다

제품 및 서비스 중에서 실제 요구사항이 변한 것은 무엇인가? (기재
해보자)

우선적으로 개선해야 할 내용은? (기재해보자)

가치트렌드 파악

필요가치(예)	과거	현재	앞으로
감성	–	크기+색상	디자인+색상
가족과 같이			
여가활용			
웰빙			
젊은 감성			

매스티지			
시간활용			
편리함			
가격변화	세탁기능	기능변화	기능+디자인

앞으로 고객이 필요로 하는 가치는 무엇인가?

현 가치파악

귀사가 확인한 고객가치는 무엇인가?

고객은 항상 달라지고 있다. 특히 요즘 고객은 더 심하다. 고객의 소득과 구매패턴이 변했다. 그리고 그들의 실제 구매요인도 많이 달라졌다.

이러한 변화에 적합한 것은 무엇인가? (   )

그러면 지금 또는 앞으로 고객이 필요로 하는 것은 무엇인가? (   )

해당고객이 귀사에서 실제로 구매하고 싶은 것은 (   )이다.

'목표고객에게 정말 원하는 것을 제공해준다면 가격은 그리 중요한 것이 아니다'라고 한다. 그러면 귀사에서 제공할 것은 무엇인가? (   )

현재 해당사업과 관련해서 ( ) 안의 내용은 무엇인가? 한번 적어보자. ( ) 안의 내용이 바로 시장에서 원하는 가치이다.

참고 1. 앞에서 살펴본 가치이동과 주요트렌드 변화, 주 경쟁요소의 파악(P. 172).

참고 2. 가치관과 만족요소(P. 180).

• 가치관

  -보다 좋은 것: 몸에 좋은 것, 보다 맛있고 멋있는 것을 우선 선택.

  -경험구매: 실제로 느껴보고 또는 확인해보고 구매하는 것.

  -나만의 멋: 자기만의 특징을 나타낼 수 있는 것, 자기에게 좋은 것.

  -격상된 느낌: 사용을 통해 자신의 자존심 또는 기분이 나아지는 것의 선호.

  -편리한 것: 편안하게, 편리하게 해줄 수 있는 것을 선택.

  -효용성: 같은 가격 또는 더 비싸도 보다 좋은 것, 편안한 것, 즐거운 것에 대
   한 선호.

• 만족요소

  -품질수준: 제품이 주는 기본적인 제품요건.

  -가격수준: 저렴, 프리미엄, 고가.

  -구매편의: 장소, 시간, 방법, 결제기능.

  -사용편리: 기능, 방법, 이동성.

  -제품의 다양성: 제품종류.

  -감성느낌: 색상, 크기, 디자인.

  -서비스 수준: 점 내 환경, 점원서비스.

결론: 고객가치의 변화내용을 기재해보자.

경쟁의 변화사항 파악: 경쟁사 대비 주요가치 점검표(예)

일반적인 내용

실제로 제공하는 가치와 경쟁사의 특징을 확인하고 이를 중심으로 구매요인을 확인해보자. 현재의 혜택과 고객의 욕구를 아래의 척도로 적어보고 차이점을 분석해본 후 실제의 해결점을 확인해보자. 부족한 사항, 만족·불만족한 사항 등이 많이 나타날 것이다. 이에 대해서 경쟁사도 같은 현상을 나타낸다. 경쟁사도 우리와 비슷한 경영방식을 채택하고 있다. 그런데 실행하는 내용과 방법은 다르다. 그것에는 여러 가지 요인이 있겠지만 회사의 경영스타일, 보유한 자산의 배분방법, 사업을 보는 방법의 차이가 가장 큰 요인을 차지한다. 그리고 그 결과에 따라 실제 성과가 달라진다. 회사는 계속 발전해야 하는데 이후의 사업은 어떻게 될까? 어떤 행동을 해야 하는가?

무엇인가 달라져야 한다. 좀더 멀리 내다보는 경영이 필요하다. 그것은 공정하고 정확히 예측한 사업방향일 것이다. 여기에서 중요한 환경요소는 경쟁사 또는 시장(다른 산업일 수도 있다)에 나타나서 시장분위기를 새롭게 이끌어가는 내용이다. 이것을 활용할 것인지 나아가 어떻게 활용할 것인지를 명확히 하는 것이 좋다. 예를 들어 모바일에서 기능적인 요소를 강조하고 있다면 의류제품에서도 기능적인 요소를 첨가하는 것을 검토할 필요가 있다. 이때 가장 중요한 것은 '우리는 안 된다' 라는 사고방식이다. 되고 안 되는 것은 본인이 판단할 문제가 아니라 고객에게 확인하는 것임을 잊지 말자.

	현재의 혜택	경쟁사 혜택	고객 구매요인(Want)
S/W적 가치			
혜택			
권위			
감동			
차별화			
느낌			
편의			
기쁨			
설렘			
쾌적			
견고성			
경험			
절약			
편리			
신속			

	현재의 혜택	경쟁사 혜택	고객 구매요인(Want)
H/W적 가치			
품질			
크기			
휴대성			
무게			
기능			
모양			
디자인			
다용도			
이동성			
견고성			

	현재의 혜택	경쟁사 혜택	고객 구매요인(Want)
효용			
기술성			
첨단			
차별성			
동등			
동화			
A/S			
기타			

매우 크다·많다(7), 대체로 크다·많다(6), 조금 크다·많다(5), 보통이다(4), 조금 적다·작다(3), 대체로 적다·작다(2), 매우 적다·작다(1)

심리적인 내용 : 경쟁의 검토상황 파악(예)

- 빵은 간식인가, 주식(대용식)인가: 서로의 매출비율은 확실치 않으나 최근에 보다 바쁜 생활과 독신자 및 여성직장인의 증가 등으로 대용식시장이 형성되어 증가하고 있다.→기존 간식시장에 변화가 없다면, 대용식시장은 계속 증가할 것이며 이를 위한 제품과 서비스가 필요할 것이다.

- 빵을 한 가지만 먹나, 여러 가지를 같이 먹나: 예전에는 한두 개 정도의 구입이 많았는데 이제는 여러 가지를 많이 구입하는 경향이 늘고 있다. →다양한 맛을 같이 즐기기를 원하면, 역시 시장이 증대할 요인이 발생할 것이다.

- 빵을 먹을 때 주로 무엇과 같이 먹나: 여러 가지 빵을 같이 먹고 그 외 커피나 음료 등을 같이 섭취한다. →최근에는 빵·케이크와 커피를 같이 먹고 여기에 대화와 여유를 찾고자 하는 고객이 증가하고 있다. →따라서 베이커리 + 카페가 있는 새로운 유통점이 인

기를 얻고 있다.

• 빵집이 만남의 장소가 되는가: 그냥 빵을 구입하고 먹는 장소인가 아니면 다른 사람을 만나는 장소로 이용되는가. 이에 대한 지역의 차이는 있겠지만 후자에 해당되는 고객이 증가하는 추세다.

• 빵집이 카페 같다면: 더욱 분위기 좋은 곳에서 지인들과 대화를 나누면서 빵과 음료를 먹는다면 만족도는 보다 증가한다. 최근에 이러한 점포들이 많이 생기는데 과연 객단가 및 고객증가는 이루어지고 있는가 →생활의 질은 맛있는 것과 여유로운 대화를 즐김으로써 향상되고 있다. 최근에 이런 점포가 증가추세에 있다.

여러분은 어떤 것에서 경쟁우위를 갖추는 것을 선택하였는가?

그 이유를 한 번 써보고 15일 후에 다시 확인해보자. 쓴 내용에 변동은 없는지 확인해보자.

가치중심 경쟁 검토방법: 베이커리 점포(예)

	개인	프랜차이즈	베이커리 카페
효용성	3	4	5
품질수준	4	5	5
가격수준	4	3	2
구매편의	2	4	2
사용편리	4	4	4
감성이미지	3	4	5
제품 다양성	4	5	2
서비스 수준	4	4	5
편리(편의)성	3	4	3
품질수준	–	–	–
가격수준	–	–	–
구매편의	2	4	2
사용편리	4	4	4
감성이미지	–	–	–

제품 다양성	4	5	3
서비스 수준	3	4	5
격상된 느낌	3	4	5
편안함	3	4	5
경험구매	3	4	3
보다 좋은 것	3	4	5

1-매우 불만 2-비교적 불만 3-그저 그렇다 4-비교적 만족 5-매우 만족

새로운 맛과 휴식공간을 제공하고 있는 베이커리 카페(투섬플레이스, 파리크라상), 새로운 맛과 라이프스타일을 창출하는 크리스피도넛, 던킨도넛, 샌드위치전문점 그리고 앞으로 곧 나타날 유기농 베이커리 점포 등이 새롭게 차별화된 가치로 시장에 등장을 하고 있으며 이들은 각자 핵심고객인 젊은 층을 흡수하고 있다. 이들의 활성화는 베이커리사업의 주 고객이 일반 베이커리 점포에 가는 기회를 뺏어갈 것이며(주로 놀던 데서 놀다가 간다-스타벅스, 파스쿠찌 또는 커피빈 커피숍) 또 먹는 기회도 많이 감소시킬 것 같다(해당 이용점포에도 베이커리가 준비되어 있다). 그리고 아예 새로운 맛(크리스피도넛)과 라이프스타일(대용식의 증가-던킨도넛, 샌드위치전문점 등)을 변화시키고 있어 베이커리회사의 고객가치 점유율을 뺏어갈 것이며 이러한 현상은 계속 증가하고 지속화될 것이다.

경영자마다 경영스타일이 다르다. 위의 내용들 중 어느 하나를 결정하였다면 이에 대한 컨셉방향이 결정이 될 것이다. 그렇다면 위 내용 중 어떤 특징을 가진 점포유형을 선택할 것인가?

고객가치: 이제 점포는 먹을거리만 파는 곳이 아니다. 고객은 구입→먹는 공간→나아가 대화 및 문화공간을 필요로 하고 있다.

컨셉을 검토할 때 한 번은 생각해야 할 요소이다.

02 : 컨셉개발 연습

컨셉개발이란 풍부하게 만드는 것을 의미한다. 다시 말해, 지금까지 압축하고 가설화한 것을 확산하고 전환하고 다양하게 하여 선택사항인 옵션을 정리하는 것이다. 여기서는 시장 및 경쟁상황을 단편·소극적으로 보지 않고 복합적으로 확대·해석해서 보는 것이 필요하다.

냉장고의 컨셉개발

냉장고의 가치변화
예전의 광고는 주로 제품의 우수한 기능성을 강조하였다. 냉장고의 경우 절전·무소음·냉각효과 등이 주를 이루었으며, 세탁기의 경우에도 세탁력에 그 초점이 맞추어졌다. 그러나 디오스나 지펠, 하우젠 등의 고가품이 나오면서 그러한 컨셉은 사라지고 말았다. 다분히 브랜드의 이미지에 초점이 맞추어지고, 감성에 소구하는 광고가 주류를 이루게 되었다.

또 가전제품은 백색 가전에서 다양한 컬러와 고급스럽고 세련된 디자인의 신제품들로 변하고 있다. 이는 고급 브랜드에서 더욱 두드러지고 있다. LG전자, 삼성전자 등이 제품에 유채색과 독특한 재질을 사용해 고객의 소비를 유도하고 있다.

냉장고의 기본방향은 무엇일까? 저장능력, 세분화된 저장방법, 디자인, 소음감소, 냉장조건 등이다. 상반관계가 있지만 특히 저장능력과 소음감소가 중요하다. 냉장고에 대한 기본가치는 저장지속성과 신선도 성능이 높은 것에 있다.

그러나 고객의 관심은 집안 분위기와 어울리는 것으로 멋이 있는 것에 있다. 즉, 사업방향(사업정의)은 미적 가치다. 다른 것은 부수적이다(아니 부수적이 아니라 거의 잘 되어 있다). 주부여, 당신의 멋과 세련됨을 냉장고를 통해 표현하라.

나아가 부엌가전제품(냉장고, 김치냉장고, 식기세척기, 오븐)과 부엌가구 등은 주부의 수준을 나타내는 척도다. 멋과 세련됨이 있어야 한다. 이것을 확실히 이해하고 컨셉을 개발하자.

냉장고는 세탁기와는 달리 거실이나 부엌에 있는 필수품이다. 그래서 처음부터 세탁기보다는 모양이나 색상이 더 좋았다. 그런데 이제는 기본기능이나 가격도 아닌 경쟁요인이 변화되었다. 요즘 사람들은 쇼핑을 일주일에 한 번씩 한다. 그래서 기본용량이 커지고 또 종류별로 보관제품의 저장온도와 방법이 달라 보관장소도 다양해졌다. 그리고

기본방향	갖고 싶은 제품을 찾는다	사용하기 편한 것을 찾는다	미적 가치가 있는 것을 찾는다(감성욕구)
고객의 관심사항	냉장고는 온도차가 적어서 냉장기능이 잘 되어야 한다	냉장고는 다양한 제품을 보관할 수 있어야 한다	냉장고는 그래도 집안 분위기에 맞고 보기에 멋이 있어야 한다
기본기능	냉동실·냉장실의 성능	용량·제품별 보관실 보관 및 이용의 편리함	색상·크기와 디자인
차별적 요인	냉장·냉동 기술	보관·이용의 기능성	멋
사업정의 (구매선택의 핵심요인)	기본성능	사용기능	미적 가치

부엌에 있는 하나의 진열품이므로 주변 분위기와 잘 어울리고 색상이나 모양이 돋보이는 것을 고객들은 선호한다.

따라서 고객들은 멋과 또 다른 가치를 얻고 싶어한다.

냉장고의 개발·기술·전달 컨셉은 무엇일까?

• 새로운 기술, 기능의 추가, 새로운 가치를 경험하게 한다.

• 새로운 가치란? 이것이 컨셉의 방향이다. 변하는 욕구를 중심으로 기재한다.

1) 거실의 필수품이 되게 한다.

2) 기능이 더욱 좋은 제품을 만든다.

3) 권위(자기만의 차별화된 멋)를 느끼도록 한다.

그러면 어떤 컨셉을 결정하는 것이 잘한 것일까? 결정의 핵심은 누구인가? 주 사용고객인 주부들의 변화사항은 무엇인가? 다른 고객의 의견은 필요하지 않은가?

	거실의 필수품	기능이 좋은 제품	권위를 느끼는 제품
트렌드	디자인	기능성	권위
욕구	거실 비치용품	더욱 쓸모 있는 제품	나를 표현할 수 있는 것
경험가치	멋	실용성	개성

귀사가 선정할 컨셉의 방향은?

이 단계에서 검토할 사항: 가치이동과 주요트렌드 변화, 주 경쟁요소의 확인. 여기서는 서로 이해를 돕기 위해 구분을 하였지만 서로 보완관계가 있으므로 활용의 기지가 필요하다.

산업 전체 핵심가치 이동	최근의 주요트렌드	최근의 주요 경쟁요소
· 감성, 웰빙, 매스티지 · 고가 또는 저가 · 편리함, 신속성, 편안함 · 복합기능 · 권위, 자긍심 등	· 문화, 라이프스타일, 체험중심 · 감성(재미와 즐거움) · 자기만족(개성) · 환경친화 · 삶의 질 · 글로벌라이제이션 등	· 저렴한 가격 · 격조 있는 디자인 · 보다 편리한 것 · 품위 있는 서비스 · 보다 좋은 제품 등

컨셉(안)

컨셉(안) 1. 거실의 필수품

냉장고는 거실의 필수품이므로 거실용과 권위 있는 제품으로 구분이 되나 권위는 더욱 세분화된 시장이므로 거실에 어울리는 제품을 만들어야 한다.

• 선택: 냉장고는 거실의 필수품이 되어야 한다.

• 따라서 냉장고와 거실의 조화가 매우 중요하다: 멋, 거실에 좀 더

어울리는 디자인.

이 단계에서 다양한 컨셉도출 방법을 활용하여 개발한다.

냉장고 연상이미지	거실용품의 조건
· 보관 · 얼음 · 차갑다 · 신선 · 크다 · 무겁다 · 소리가 크다 · 복잡하다	· 색상이 거실비품 색상과 유사 · 크기는 좀 작아야 분위기에 적합 · 별도 조닝(Zoning)된 색상 연출 · 소음이 작다 · 이동이 수월 · 아기의 접근이 어렵다 · 표면에 때가 끼지 않는다 · 밤에 부딪히지 않게 별도 장치 필요

컨셉(안) 2. 더 쓸모 있는 냉장고

좀더 다양한 기능을 활용할 수 있는 냉장고. 크기는 문제가 안 되나 여러 가지 기능을 다양하게 사용할 수 있었으면 좋겠다.

- 선택: 냉장고는 맛을 유지·창출하는 기본도구다. 따라서 다양한 활용의 냉장고가 필요하다. 감성분위기는 당연한 것이다.

냉장고 연상이미지	기능품의 조건
· 보관 · 얼음 · 차갑다 · 신선 · 크다 · 무겁다 · 소리가 크다 · 복잡하다	· 급속냉동 코너 신설 · 과자·초콜릿 등 간식 코너 · 김치냉장고 기능 설치 · 기능별로 여닫이문 별도 설치 · 주부가 앉아서 일을 할 수 있도록 벽면에 의자 설치 · 음성인식기능 설치 검토 · 와인바 기능

컨셉(안) 3. 나는 다르다. 나의 안목은 차이가 있다

냉장고는 주방에 설치한 일종의 자기표현 도구다. 따라서 다른 사람과 달라야 하고 진정한 가치를 아는 사람으로 생각하게 한다.

• 선택: 제품의 세련됨, 성공, 지성을 볼 줄 아는 안목을 느끼게 한다.

냉장고 연상이미지	고급품의 연출
· 보관 · 얼음 · 차갑다 · 신선 · 크다 · 무겁다 · 소리가 크다 · 복잡하다	· 색상은 감성이미지 유발 · 크기는 좀 작아야 분위기에 적합 · 별도 조닝(Zoning)된 색상 연출 · 소음이 작다 · 이동이 쉽다 · 김치냉장고 기능 추가 · 표면에 때가 끼지 않는다 · 기능별 여닫이문 설치 · 와인바 기능

어느 것이 가장 적절한가? 한 가지를 선택하여 귀사에 적합하도록 조정한다.

호텔

호텔의 가치변화

소득이 향상되고 여가시간이 늘어남에 따라 새로운 여가를 즐기기 위해 고객들은 여러 장소로 이동한다. 이때 가장 필요한 것이 바로 숙박시설이다. 그리고 소득과 가치의 상승은 좀더 색다른 욕구와 다양한 경험을 갖게 하고 있다. 그 결과 숙박시설은 다양하게 변했고 또 변하고 있다.

숙박만 하는 곳, 숙박하면서 새로운 경험을 갖게 하는 곳, 숙박과 별도의 여가시설을 갖추고 있는 곳 등 호텔마다 독특하고 색다른 이미지를 연출하는 곳이 많아졌다.

가격과 용도의 구분

	위치 (접근성)	객실 수준	서비스 수준	부대 시설	이용 편의성	음식 수준	가격	특징	분위기
프리미엄 호텔	불편	매우 좋다	좋다	비교적 많다	비교적 불편	매우 좋다	비싸다	편안함	격조 색다름
기존 특급호텔	편리	좋다	좋다	많다	편리	좋다	비교적 비싸다	편리성	품위
레지던스	비교적 편리	평범	표준	적다	편리	표준	저렴	합리성	실속

호텔을 이용하는 사람들, 즉 회사원·중역·최고경영자·여행객 등에 따라 호텔의 이용가치가 다르다. 기존호텔을 중심으로 가치이동과 새로 등장한 신규호텔의 특성을 검토해보면, 좀더 넓은 곳에서 호화로운 객실과 좋은 음식으로 VIP대접을 받고 싶다는 쪽과 기본적인 서비스에 지내기 불편하지 않은 저렴한 호텔이 필요하다는 쪽의 두 가지로 나타나고 있다. 전자에 해당되는 호텔은 최상급호텔로 W호텔과 그랜드하얏트호텔이 있다. 후자에 해당되는 호텔은 이비스호텔 그리고 장기거주성을 강조한 레지던스인호텔(Residence in Hotel)들이 있다.

기능과 용도의 구분

호텔을 생각할 때 우선 생각할 것은 호텔에 대한 이용욕구다. 이용욕구는 어떻게 변하고 있는가? 이것이 사업정의(방향)를 우선 정립할 수 있는 내용이 된다.

호텔을 왜 이용할까? 아니 왜 우리호텔에 와야 할까? 머무르기 위해, 즐거움을 갖기 위해, 편안하게 지내려고, 새로운 경험을 하기 위해 등 이유는 다양할 것이다. 그래서 이제는 다양한 기능을 갖춘 호텔들이 많이 나타나고 있다. 일반호텔, 비즈니스, 리조트(휴식과 즐거움을 제공), 부띠끄, 6성호텔 등 다양한 호텔이 등장하고 있다.

이 중에서 새롭게 나타나는 욕구의 방향은 즐거움(부띠끄호텔-도시에 새로운 경험을 제공하기 위해 지어진 호텔, 리조트호텔-휴양지에 여러 가지 놀이를 즐길 수 있게 준비된 호텔)과 휴식(리조트호텔-다양한 스트레스 해소, 릴렉스 코스, 휴식장소를 준비한 호텔)이다.

따라서 예전에는 하얏트·힐튼·리츠칼튼 등 브랜드 중심의 선택이었다면 최근에는 누가 인테리어를 했는가, 어떤 디자이너의 작품인가 등이 관심거리이며 고객을 유인하는 요인이다. 여기서 고객은 아주 특별한 라이프스타일을 경험한다.

기존의 힐튼, 매리어트, 쉐라톤, 인터컨티넨탈, 리츠칼튼 등과 같은 대형호텔들은 세계 어느 도시에 있든 내 집과 같은 편안함과 안락함을 제공하는 사업정의를 갖고 있다.

따라서 이들은 자사의 차별화된 동일한 서비스를 제공하는 데 주력한다. 그러나 현 고객들은 단순한 상품이 아닌 경험까지도 얻기를 원하는데 이는 단순히 '머무른다'의 개념을 넘어서 좀더 새롭고 다양한 것을 의미한다.

이를 위해 나타난 것이 부띠끄호텔이다. 부띠끄호텔은 객실 수는 많지 않으나 특이한 구조와 개성 있는 인테리어로 차별화된 객실을 갖추고 있다. 즉, 현대적이며 감각적인 디자인을 통해 볼거리와 즐길거리를 함께 제공하는 도심 속의 엔터테인먼트 공간 또는 도심리조트라는 새로운 사업정의를 갖추고 탄생했다.

부띠끄호텔의 예

세미라미스호텔

• 사업정의: 호텔의 안락함에 대한 고정관념에서 벗어나자.

디자인의 첨단·디지털적인 요소들이 호텔의 안락함·편안함과 다르다는 생각이 들지만 쉬면서, 즐기면서, 일하면서 새로운 경험을 하는 곳도 필요하다. 그런 곳은 기억에 남을 만한 장소가 될 수 있다. 이제는 예술·테크놀로지와 비주얼·색채의 감성들도 여행에서 필수적인 요소이다.

호텔 입구

숙소

숙소의 분위기와 디자인이 같은 곳은 하나도 없다. 따라서 고객이 다음 방문 시에도 다른 방을 사용할 수가 있어 항상 새로운 느낌을 갖게 한다. (자료원: http://blog.naver.com/asdyid/150010953208)

클럽메드

• 사업정의: 마음껏 놀 수 있는 호텔.

• 컨셉: 놀이터–한 번 들으면 바로 이해가 되고 무엇인지 확실한 느

낌이 파악된다. 호텔이 놀이터다? 확실히 놀려주는구나.

• 슬로건: 누구나 노는 것도 자유고 놀지 않는 것도 자유다- '내 마음대로 노는 것을 결정하고 의무는 없으니 좋다! 이제 제대로 쉴 수 있는 곳을 찾았다' 라는 느낌을 갖게 한다.

이번 여행목적이 쉬면서 노는 것이라면 이 이상 정확한 단어와 적합한 호텔은 없을 것이다.

주요가치 비교

구분	일반 휴양호텔	클럽메드
투숙이유	쉰다	즐거움
한국어 사용	대부분 불가	가능
개인별 오락 프로그램	없다	있다
식사	메뉴 구분	구분이 없다(전체 고급식사)
놀이시설	적다	다양
놀이 프로그램	적다(주로 H/W 이용)	다양(H/W, S/W 전부 이용)
경쟁자	일반 휴양호텔	테마파크

(자료원: www. Clubmed.com)

고객가치 : 놀 때 제대로 놀자.

놀 수 있는 시설과 프로그램을 많이 갖추고 있다. 특히 자녀가 있는 부부들의 자유로운 행동을 위해 키드클럽을 별도로 운영한다.

전경 키드클럽

다양한 놀이시설

주요시설

레스토랑	스파빌리지	양궁
미니클럽 메드	미술공예	농구/배구
극장	풀장	골프
라운지와 바	부띠끄	축구장
페티클럽 메드	서커스	페탕크(Petanque)
선박시설(요트, 카약)		

(자료원: www. Clubmed.com)

호텔큐브

- 사업정의: 재미있게 놀 수 있는 곳.
- 컨셉: 즐기는 호텔. 휴식, 스트레스 해소, 지치도록 춤추기, 스키, 보드, 튜브(물놀이), 자전거 타기 등을 할 수 있는 스포츠호텔.
- 주요고객: 30대 이하-스포츠와 디자인에 관심 있는 세대.

특징-엔터테인먼트＋스포츠활동＋레저체험의 욕구, 가격민감
도 낮음.

- 주요특징: 유·무명 디자이너와 예술가·건축가들이 꾸민 호텔.
별 세 개 이상의 고급호텔에 속한다.
- 주요시설: 숙소-예술가들에게 부탁하여 방을 꾸밈, 큐브박스
라 불린다. 유리, 노출콘크리트, 빛으로 단정하고 미니멀하게
꾸며진 방들.
쇼룸-큐브박스 앞에 녹색 유리로 칸막이가 된 스포츠기기를 두는
곳. 눈에 젖은 옷이나 스노우보드, 스키장비들을 말릴 수 있는 곳.
로비-벽난로＋비디오시설이 있는 라운지, 플레이스테이션, 인
터넷터미널 비치.
- 프로그램: 24시간 엔터테인먼트 지향. 온라인게임파티, DJ, 밴
드와 함께하는 이벤트.
- 시설구조: 스포츠장비 이동이 쉽도록 계단 대신 게이트웨이 설
치. 모든 층에는 24시간 운영 바, 플레이스테이션, 인터넷단말
기, 사우나, 증기욕실, 얼음동굴, 일광욕테라스 등을 설치.

기타 디자인호텔로 스웨덴의 얼음호텔과 스위스의 감옥을 개조한
호텔 등이 있다.

(자료원: 레드닷뉴스 http://blog.naver.com/thethe77/10006419169)

W호텔(6성 부띠끄호텔)

- 사업정의: 한 차원 높은 가치제공.
- 컨셉: 새로운 품위와 서비스 경험 제시(새로운 고품격호텔).
  부띠끄호텔의 품위와 스타일+주요 비즈니스호텔의 안정성과 일관성 제공+주의 깊은 서비스 실시.
- 슬로건: warm, wonderful, witty, wired.
  편안함과 따뜻함, 세심한 서비스와 최상의 시설.
  놀랄 만큼 현대적인 디자인의 상쾌함.
  사용의 용이성.
  자신의 거실과 같은 편안함.
- 주요시설과 서비스
  숙소: 거위털이불과 250사 시트로 된 고급스런 침대와 맞춤가구. 멋스러운 욕실과 욕실제품. 라디오, 시디플레이어, 자명종 그리고 다양한 CD가 구비된 CD 진열장, 커피블랜더와 커피메이커, 초고속인터넷 연결, 다양한 영화선택 등 엔터테인먼트 시스템 구비.
  사무환경: 비즈니스의 종류에 제한받지 않고 서비스를 제공.
  　　　　-숙소: 실제의 오피스와 같이 두 대의 전화기와 노트북용 고속연결망 구비.
  　　　　-호텔로비: 풀서비스비즈니스센터 준비.
  　　　　-미팅룸: 고객의 요구에 맞는 다양한 사이즈의 공간을 제공.
  식당: 유능한 요리사와 저녁생활 관리자가 꾸미는 독특한 레스토랑과 바. 24시간 룸서비스를 통해 고급스러운 나만의 식사를 즐길 수 있다.
  피트니스센터: 다양하고 환상적인 피트니스 시설, 개인 트레이너, 스파서비스.

일반서비스: 전화버튼 하나로 24시간 콘시어즈(concierge)서비스, 24시간 룸서비스, 세탁 등 다양한 서비스 제공.

참치통조림의 컨셉개발

- 방법: 경험 매트릭스를 중심으로 개발.
- 제품: 참치통조림.
- 새로운 시장: 독신자 시장진입 검토.

예상되는 경험	실용성	가치성	사회성	주부만족도
선택 시	간편한 요리개발 다양한 메뉴준비 균형잡힌 영양식	가격대비 품질이 높다 담백한 고기 맛	가족 모두 즐길 수 있다	적은 노력으로 양호한 식탁 마련
사용 후	건강식이다 살이 안 찐다	싫증이 안 난다 선호하는 사람이 많다	가족 전체의 음식 메뉴다	가족 모두의 입맛을 충족시킨다
부가적	구입·보관 용이	가공 없이 반찬으로 가능	입맛 없을 때의 필수품	다양한 음식솜씨 발휘(참치김치찌개, 참치쌈 등)

참치통조림은 다양한 특징을 가지고 있다. 그러나 참치는 새롭게 변형을 할 수 있는 제품이 아니다. 따라서 해당제품의 특징은 고객의 욕구변화 또는 목표고객의 변화에 따라 강조되는 것이 달라야 하므로 당연히 컨셉의 변화가 필요하다. 주부에게 강조할 수 있는 것은 일단 요리가 편리하고 가족들이 대부분 좋아하고 식탁에 부담 없이 제공할 수 있는 식품이라는 것이다. 맛이 담백하여 여러 가지 음식과 같이 먹으면서 새로운 맛을 느낄 수 있으며 많이 먹어도 부담이 적다.

컨셉개발(예)

	컨셉개발 가능요소	트렌드에 적합도	비고
구매 시	간편하거나 다양한 요리 저지방·고단백 가족이 대부분 선호	편의성 영양식 가족적	밑반찬
사용 후	살이 안 찐다 물리지 않는다 가족 입맛 만족	영양식 맛 가족적	가족식 개발
부가적	보관 용이	편의성	입맛을 돋운다

개발(안)

- 편의성 중심: 간편하다. 바로 먹을 수 있다. 샌드위치나 밑반찬으로 활용.
- 영양식 중심: 고단백·저지방 식품이다. 많이, 자주 먹어도 살이 안 찐다.
- 맛 중심: 담백하여 자주 먹어도 질리지 않는다.

이 3가지를 우선 검토해야 한다. 맛에서 '자주 먹을 수 있다'는 것은 자주 구매가 가능하다는 것을 의미한다. '살이 안 찐다, 요리가 편리하다'는 주요쟁점이 될 수 있는데 여기서 검토할 것은 목표고객이 누구인가를 다시 확인해보는 것이다. 만약 독신자이면 편리하면서 살이 안 찌는 것이 구매이유가 될 것이고, 주부인 경우에는 편리함보다는 가족적인 분위기 연출에 더 비중을 둘 것이다.

최근의 고객동향을 한번 검토해보자. 참치 구매자의 대부분은 주부다. 주부들은 한 달에 몇 번씩 구매를 한다. 구매횟수를 더 증가시킬 방법은 없는가? 참치는 일반적인 식품이고 성숙기제품이라 판촉방법 이

Part III 컨셉개발과 정착의 필요충분조건 201

외에는 특별한 방법이 없다고 가정하면, 시장은 포화상태에 있으므로 참치회사는 새로운 고객을 찾아야 한다.

이는 어느 시장의 기회요인인가? 독신자시장을 공략해보자.

• 시장기회: 매년 독신자의 숫자가 증가하고 있다. 이들을 위한 제품도 많이 등장하고 성장률도 높은 편이다.

독신자의 특징	주요 활용요소	활용가능 요소
귀찮아한다/게으르다	편리함	빨리 먹을 수 있다
맛있는 것을 매우 선호한다 가격에 별로 구애받지 않는다	감성	
체중관리에도 신경을 쓴다	웰빙	살이 안 찐다
자기만의 식단을 필요로 한다	자기의 맛 창출	자기 맛의 노하우
바쁜 척한다	시간절약	
그러면서 여러 상황에서도 자기만의 멋을 강조한다 먹는 스타일과 멋이 있다	자기만족	

위 내용 중 현재의 트렌드와 고객의 욕구변화에 적합한 것은 무엇인가?

변화사항을 검토해보면 독신자들은 편리한 것을 찾고, 맛도 좋아야 하는데 자기만의 맛을 만들 수 있으면 더욱 좋다. 또 하나의 욕구는 바쁠 때 빨리 만들어 먹을 수 있는 것을 찾는다. 빵과 야채 그리고 참치로 샌드위치를 만들어 먹으면 좋은 영양식이 된다.

독신자들의 의견을 수렴해본 결과 현재 가장 중요한 것은 무엇인가?

컨셉(안): 빨리 먹을 수 있는 것

• 키워드: 자기만의 맛과 멋

3분 만에 건강하고 맛있는 식단→선택

매일 하루는 저지방 · 저단백 식사

또 다른 의견제시 필요

슬로건(안)

'영양가 있으면서 체중과 관련이 없는 간이브런치'

'3분 내에 만들어 먹는 맛있는 샌드위치'

03 : 컨셉개발(안)

디지털시대가 시작된 후, 시장의 범위에는 더 많은 확대와 변화가 일어나고 있다. 앞에서부터 계속 강조했듯이 이제는 기존시장을 현상 그대로 보면 안 된다. 발상을 바꾸고 더 넓게 시장을 볼 필요가 있다.

이것은 사업정의와 컨셉개발을 검토할 때도 매우 필요한 사항이다. 시장의 범위도 해당시장을 중심으로 한 좁은 의미의 시장에서 넓은 의미, 미래지향적으로 검토해야 한다. 따라서 앞에서 언급한 내용을 한 번 더 살펴보자.

- 휴대전화는 전화기인가, 장난감인가 아니면 이동사무실인가?: 제품컨셉의 정립에 따라 사업이나 프로그램을 준비하는 팀의 구성과 인력의 자격요건도 달라진다. 또 커뮤니케이션 내용도 전혀 다

른 내용이 될 것이다.

- 해당 놀이터(테마파크)는 재미있는 곳인가, 스릴이 넘치는 곳인가 편안히 쉴 수 있는 곳인가, 어떤 내용의 컨셉이 앞으로 가장 시장성이 있는가?: 컨셉의 차이는 준비사항 및 요건, 준비인원 등이 당연히 달라질 것이고 제휴회사 등도 차이가 난다. 그런데 초기투자가 많은 사업이므로 프로그램이 매우 잘 만들어져서 고객이 가능한 한 오래도록 많이 와야 한다.
- 해당점포는 맛이 정말 좋은가, 재미를 느끼게 하는가, 분위기가 좋은가?: 고객층에 따라 좋아하는 음식점의 경영방법이 달라질 것이다. 점포컨셉은 고객이 멀리서도 찾아오게 만든다.

컨셉개발의 가장 큰 어려움은 해당제품 및 서비스가 가지고 있는 장점·특징·가치 등을 잘 표현하고 이해가 쉽도록 하는 것이다. 이를 추출하는 것은 그리 쉬운 일이 아니다. 이를 위해서는 경험·직감력·순발력·어휘력·요약력 등이 필요하다. 그리고 담당자의 노력도 매우 중요하다.

컨셉요소(안)에서 1차개념 + 2차개념(+3차개념)으로 적어놓았는데 여기서 3차개념은 앞으로 검토되거나 방향에 대한 의견을 제시한 것이다. 다음 내용들을 생각하면서 검토를 하면 더욱 정확하고 빠른 컨셉이 개발될 수 있다.

산업의 핵심가치와 주요트렌드-여러 번 나오는 내용이지만 다시 한번 확인하면서 생각을 해보자.

산업 전체 핵심가치 이동	최근의 주요트렌드	최근의 주요 경쟁요소
· 감성, 웰빙, 매스티지 · 고가 또는 저가 · 편리함, 신속성, 편안함 · 복합기능 · 권위, 자긍심 등	· 문화, 라이프스타일, 체험중심 · 감성(재미와 즐거움) · 자기만족(개성) · 환경친화 · 삶의 질 · 글로벌라이제이션 등	· 저렴한 가격 · 격조 있는 디자인 · 보다 편리한 것 · 품위 있는 서비스 · 보다 좋은 제품 등

침대=가구→과학＋편안, 감성

과거의 침대는 매트리스와 별 차이가 없는 것으로 생각하고 허리만 불편하지 않으면 되었다. 그래서 가격이 좀더 저렴하거나 침실의 분위기가 공주풍이거나 황제풍이면 팔렸다. 그냥 집안 분위기와 구매자의 멋을 창조시켜 주면 되었기 때문에 일반가구로 취급했다. 그런데 침대는 일반가구와 달리 잠을 잘 잘 수 있고 깨어났을 때 불편함이 없어야 한다. 그래서 일반가구와 차별화가 되고 유통점에서 구매할 때 다른 제품과 같이 팔리는 것을 방지하기 위해(침대는 다른 가구와 같이 구매할 수 있는 보완제품이 아니라 별도로 구입하는 것이 필요하다) 나타난 컨셉이 '침대는 과학'이라는 것이다. 고객은 이 중요성을 이해하여 이제는 침대만은 전문제품을 구매하는 경향이 많아졌다. 그 후 표현방법은 다르지만 침대가 매우 중요한 제품이라는 것을 여러 회사들이 강조하고 있다. 즉, 편안함을 강조하면서 그 방법을 다양하게 표현하고 있다. 그러면 앞으로 침대에는 어떤 컨셉이 필요할까?

침대 선택 시 중요한 욕구와 트렌드 변화의 중요한 키워드는 무엇일까? 기존과 변함없이 쾌적한 잠이 될 것이다. 그렇다고 과학만 강조할 수는 없다. 그것은 새로운 의식을 깨우치기에 충분했다. 사람들의 의식은 변화되었다. 이제 웰빙과 편안함을 계속 알려야 한다. 그러기 위해서는 감성적인 방법으로 고객에게 접근해야 한다. 따라서 편안한 잠을 통해 나타날 수 있는 느낌을 강조하면서 과학적인 수치나 편안함을 느낄 수 있는 방법, 편안하게 하는 재료 및 성분 등을 정확히 전달해서 잠이 잘 올 것 같은 느낌이 일게 해야 한다.

＊컨셉요소(안)＝편안한 잠＋디자인(＋잠이 잘 올 것 같은 느낌, 기분)

이동통신사업＝대화→연락의 필수품→**장난감 또는 사무실**

이동통신서비스는 고객에게 통화의 필수품이 되었다. 그러나 이제는 통신기술의 발달로 인터넷접촉, 동영상통화, TV시청 등 다양한 서비스를 제공할 수가 있다. 그러면 고객은 어떤 욕구를 가지고 있을까?

인터넷이나 무선통신기술을 사용하면서 나타난 것이 편리함이다. 달리 생각하면 게을러졌다고 봐도 된다. 이제는 휴대전화를 이용해 개인의 재미, 스트레스 해소, 업무수행, 쇼핑 등이 가능하도록 발전하고 있다. 따라서 이와 같은 기능을 사용할 수 있는 휴대전화가 필요하다. 회사는 고객에게 어떤 장점을 전달할 것인가를 명확히 해야 한다.

욕구 1. 기술성은 별도로 생각하고 모바일폰을 통해 업무를 볼 수 있으면 좋겠다. 메일을 확인하고 또 작성하고 컴퓨터에 저장한 자료를 보낼 수 있고 수정도 하고 나아가 보고서도 작성할 수 있었으면 한다.

욕구 2. 기다리는 시간이 따분하다. 지하철에서 지루하다. 이때 나를 즐겁게 할 수 있는 것은 무엇인가? 게임 말고 달리 즐거움을 느낄 수 있는 프로그램이나 자료는 없는가? 다양한 자료가 준비되어야 할 것 같다. 일단 TV를 볼 수 있으니 다행이다.

욕구 3. 욕구 2가 시간소모를 위한 내용이라면 욕구 3은 내가 시간을 내서라도 스스로 즐거움을 느낄 수 있는 것이다. 세계인터넷낚시대회, 자기 아바타를 이용한 출전 등.

＊컨셉요소(안)＝편리성＋정보제공(＋업무수행, 시간소모, 즐거움)

부엌가구＝가재도구→가구→생활의 중심

부엌도 거실과 같은 분위기가 되어야 전체적으로 집 안의 느낌이 통일된다. 따라서 부엌만의 멋이 아닌 집 전체의 분위기에 적합한 색상과 디자인이 필요하게 되었다. 그 결과 부엌가구도 '가구'라는 컨셉하에 색상과 디자인이 다양한 제품이 등장하였다. 그런데 최근에는 주부의 생활패턴이 변화되어 부엌이 단순히 요리와 식사만 하는 공간이 아닌, 친구들과의 교류공간(요리, 음식시식, 편하게 잡담)이나 자신의 즐거움을 느낄 수 있는 오락공간으로 사용되고 있다. 즉, 주부 생활의 중심이 되어 대화를 나누거나 생각하는 곳으로 변하고 있어 가구의 기능성이 점점 중시되고 있다.

부엌 한가운데에 식사나 대화 등 모든 활동의 핵심이 되는 가구를 배치한다. 나아가 가전제품도 적당한 가전제품에서 볼거리나 이야깃거리가 많은 화려한 것으로 변화되고 있다. 그러면 주부의 진정한 욕구는 무엇인가? 주부에게 있어 주방은 자기를 간접적으로 나타내는 영역이다. 즉, 자기 표현의 도구이자 제품의 세련됨, 성공, 지성, 진정한 가치를 볼 줄 아는 안목의 상징이 되는 것이다. 그러려면 새로운 라이프스타일을 제공할 수 있어야 한다. 따라서 부엌가구의 컨셉은 생활의 편리함·기능성·멋이 어우러져야 하며 최근의 식탁은 대화·시연·표현을 연출하는 자리가 되고 있다.

＊컨셉요소(안)＝거실과 같은 가구개념＋주부만의 공간(＋생활의 중심)

피부미용실=피부관리→휴식처(사교장)

    우선 생각할 것은 고객의 욕구와 라이프스타일이 어떻게 변하고 있는가이다. 여기에는 웰빙, 삶의 질, 자기만족, 편리성, 품위 있는 서비스 등의 단어가 가장 연관이 높을 것이다. 현재 어떤 내용이 가장 적합한 것인지 다음의 상황을 검토하면서 결정해보자.

    피부미용실은 당연히 멋을 원하는 고객의 아름다움을 만들고 관리하는 곳이다. 그런데 바쁜 시간이나 여유시간을 활용하면서 단순히 피부관리만 하는 것을 넘어 좀더 시간활용도를 높이고자 한다. 따라서 한번 방문하면 원스톱으로 여러 가지 일을 하기 위해 최근에는 피부미용실보다 스파전문샵(피부·바디케어 기능)이 더 인기를 끌고 있다. 즉, 휴식기능과 시너지효과가 더 보강된 것이다. 쉬면서 피부관리와 몸매관리를 하는 것이다. 그러므로 휴식을 위한 장치나 프로그램 및 서비스를 제공하여 부가가치를 더 증대시킬 수 있다. 사교의 장으로 발전하는 곳도 나타날 것이다.

    그러면 피부미용실을 어떤 휴식처로 만들 것인가? 담당자는 이에 대한 고민을 해야 할 것이다. 목표고객의 특성에 따라 자기만족을 중요하게 생각하는지, 품위 있는 서비스를 더 중요하게 생각하는지, 아니면 더욱 편리한 서비스를 받고자 하는지에 따라 결정할 수 있을 것이다.

＊컨셉요소(안)＝멋의 창출(피부관리)＋휴식기능(＋여가, 몸매관리, 사교)

예) LVMH그룹(명품인 루이비통, 크리스챤디올 브랜드를 소유한 회사)

- 최근의 고객들의 욕구변화: 단순한 피부미용을 위한 화장품 구매에서 몸 전체를 가꾸면서 편안한 분위기에서 휴식을 즐기는 매장 선호.
- 피부관리실→스파(피부관리 ＋ 사우나 ＋ 마사지) 매장으로 전환.

목욕실＝목욕→샤워기능→휴식처

　하루의 일과를 마치고 잠자리에 들기 전에 특별히 휴식과 충전을 취하는 장소는 따로 만들어놓지 않는 한 거의 없다. 그래서 사람들은 휴식을 취하면서 대부분 음악 또는 영화감상·취미생활·독서 등을 많이 한다. 이러한 방법은 충전기능이지 실제로 몸을 편안히 하는 것은 아니다. 하루일과 중에서 휴식을 취하는 장소로 찾을 수 있는 곳이 바로 목욕실이다. 따뜻한 물에 비스듬히 누워 있으면 피곤이 풀리는 기분을 느낄 수 있다. 여기에 감미롭고 향기로운 음악이 있으면 피로를 푸는 데 더욱 좋다. 이 결과 집에 있는 목욕실은 단순히 몸을 씻는 것을 넘어서 충분한 휴식처가 될 것이다. 따라서 휴식을 극대화시키기 위해서 목욕실 모양(비스듬히 기대거나 누울 수 있도록)과 샤워기능에도 변화(안마기능을 갖춘)가 있어야 한다. 어떤 모양의 욕조가 필요하고 어떤 분위기의 샤워장과 화장실이 될 것인지에 대한 그림이 필요하다. 색상·도구·설비·분위기 등이 현실과 미래 이미지를 갖출 수 있도록 준비해야 한다. 이런 내용은 어떤 컨셉으로 전달을 할 것인가?

　＊컨셉요소(안)＝씻는 기능＋멋의 관리(＋휴식, 여유＝나만의 휴식처, 나만의 시간, 나만의 공간. 재충전, 행복감, 안락함을 얻는다)

　뉴럭셔리 욕실＝바닥난방 시스템, 자쿠지 욕조, 고급 세라믹도자기, 대리석과 석조자재, 타월난방기, 정밀 샤워스프레이 등의 최고급 설비

　• 자동차＝이동수단→멋의 창출→권위의 상징

　자동차는 그냥 빨리 이동하는 데 도움이 되면 된다. 그런데 이제는

자동차보유자, 특히 승용차보유자들 중 대다수는 이러한 기능은 당연하고, 자동차를 통해 멋을 갖출 수 있고 운전을 통해 새로운 만족감과 기분을 전환시킬 수 있는 것을 선택의 우선순위로 삼고 있다. 새로운 만족감에는 차별적 우위, 기분전환에는 속도나 승차감 등이 필요하다. 그러나 아직도 자동차의 구매는 권위를 나타내는 잠재의식이 있으므로 이를 정확히 판단할 필요가 있으며 최근에는 기능과 멋, 성능의 욕구도 증가하고 있으니 좀더 명확한 컨셉이 필요할 것이다.

＊컨셉요소(안)=이동＋권위(＋기분전환: 디자인, 승차감, 속도 등)

레스토랑＝맛→분위기→사교, 엔터테인먼트

식당보다 레스토랑이라고 하면 격이 한 단계 더 높아 보이는 것 같다. 맛이 좋은 것은 당연하다. 아늑한 소파에서 편안히 식사를 할 수 있다. 사람들을 사귀기에 좋은 장소로 조용하고 품위가 있다. 또는 음식 이외의 즐거움을 제공하는 곳도 있다.

매우 다양한 종류의 레스토랑이 있어서 몇 가지로 집약하기가 그리 쉽지는 않다. 그렇다 해도 컨셉이 명확한 곳이 매출이 증대하고 있고 지속성을 나타내고 있다. 중요한 것은 맛을 기본으로 갖춘 다음 컨셉을 생각해야 한다는 것이다. 여하튼 이제는 좀더 다른 즐거움과 서비스가 제공되어야 한다.

＊컨셉요소(안)＝맛＋분위기→서비스

어느 음식점주인이 '우리 음식점은 맛은 좋으니 이제는 보다 친절한 점포로 만들어 또 다른 느낌을 가지게 해야겠다' 라고 생각을 하게 되었다. 그러면 그 다음으로 친절한 점포가 될 수 있도록 어떻게 할지에 대해 구상하게 된다. '항상 웃는 얼굴로 손님을 대한다. 손님이 들어오거나 나갈 때마다 정중히 인사를 한다. 손님이 점포에 들어와서 자리에 앉을 때까지 안내를 한다. 또 주문을 받을 때 고객과 시선이 수평이 되게 하든지 아니면 손님이 내려다볼 수 있게 한다. 식사 전·후에 필요한 사항을 미리 배려한다' 등 많은 생각이 떠오르고 전부 배려를 하고 싶은 마음이 든다.

그런데 이 사항들을 일일이 다 실천하기에는 몇 가지를 제외하고는 잘 안 되는 경우가 많을 것이다. 따라서 고객이 가장 많은 지적을 하거나 종업원들의 부주의로 나타나는 불만사항을 중심으로 검토를 해보았다.

- 우선 인사를 잘하자(상냥하게, 반가운 인상으로). 고객을 안내할 때, 고객에게서 주문을 받을 때, 음식을 제공할 때, 요금을 계산할 때 그리고 고객이 점포를 떠날 때. 복잡한 것 같지만 꼭 해야 한다.
- 고객에게서 주문을 받을 때 고객을 우러러보는 마음으로 고객과의 눈높이를 수평 또는 위로 쳐다보면서 주문을 받아야 한다. 그래서 가능한 한 무릎을 꿇고서 주문을 받도록 한다. 이 두 가지만이라도 선택을 해서 확실히 잘해보자.

이런 결심으로 시행한 지 3개월이 조금 지났는데 인근 몇몇 지인들이 와서 "사장님네 점포는 참 친절하다면서요? 어떻게 하면 그런 이야기를 들을 수 있습니까?"라고 말했다. 그 후 이 음식점은 친절한 점포로 알려지게 되었다.

음식점은 맛이 있어야 한다. 이것은 기본 필수요건이다. 그러나 이제는 음식 맛이 좋은 곳이 많아 그것을 경쟁요소로 하기에는 큰 효과가 없다. 그래서 이제는 음식 맛 이외에 다른 것을 생각해야 하는데 그 외의 경쟁 요소로 무엇이 있을까? 즉, 어떤 것이 경쟁의 핵심요인이 될 수 있을까?

거기에는 메뉴, 가격, 위치, 점포의 크기, 종업원의 응대방법, 기타 제반서비스 등이 있다. 즉, 해당음식점의 경쟁요인이 달라져야 하는 것이다. 그래서 처음에는 '맛', 이제는 '친절'이라고 선정을 했다면 이 음식점의 사업정의는 '맛있는 점포'에서 '친절한 점포'로, 대외적으로나 또는 우리 음식점을 알리는 기본방향이 되는 것이다. 이러한 방향 아래서 친절을 알리려면 어떠한 사고방식이나 행동을 해야 하는지를 정해야 한다. 인사를 잘하는 점포=친절한 점포, 종업원이 상냥한 점포=친절한 점포, 불편함을 느끼게 하지 않는 점포=친절한 점포. 이와 같이 친절한 점포가 되기 위해 해당점포가 갖추어야 하고 고객이 충분히 알 수 있게 하는 것이 컨셉이 되는 것이다. 따라서 해당점포의 사업정의는 친절한 점포, 점포컨셉은 인사를 잘하는 점포, 종업원이 상냥한 점포, 불편함을 느끼게 하지 않는 점포 또는 이들 두세 가지를 전부 갖춘 점포 등으로 점포컨셉이 설정되는 것이고 해당점포의 이미지를 상냥한 집, 항상 웃는 점포 등으로 이야기하는 것이다.

또 다른 음식점을 확인해보기 위해 아래의 예들을 한번 살펴보자.

- 배달전문점: 주문 후 30분 이내에 가져다드립니다. 늦으면 음식값을 받지 않습니다
- 가격이 저렴한 집: 자장면, 탕수육, 짬뽕, 군만두 2인분 세트가 10,000원.
- 고급스러운 음식점: 20년 경력의 호텔주방장이 만든 고급요리, 음

식의 권위가 있는 곳.

- 맛이 있는 집: 맛으로 승부. 이것밖에는 없습니다.
- 친절한 점포: 한번 느껴보세요.
- 분위기가 좋은 집: 실내 인테리어, 종업원의 응대 등 안락하고 집 같은 곳.
- 재미가 있는 집: 먹고 나면 색다른 이벤트가 있어요.

책상＝사무, 학습→개인적인 공간

공부를 한다, 업무를 본다, 이러한 활동을 위해 당신은 하루에 얼마나 많은 시간을 배정하는가? 대부분 8시간 자고, 8시간 일하고 또 그 이상 공부하고 그래서 많은 시간을 책상과 같이 보내고 있다. 그런데 책상에는 어떠한 기능이 있는가?

책상은 서류나 자료 등을 보관하는 기능을 한다. 그러나 책상을 사용하는 시간이 증가하다 보니 컴퓨터를 통해서 쇼핑과 대화를 하기도 한다. 책상 속에 과자도 있고 셔츠도 있으며 개인적으로 즐길 수 있는 MP3나 PMP 등 기타 소지품들도 있다. 그러면 사용자에게 책상은 무엇이라고 설명을 하고 알려야 하는가? 개인소지품 보관, 개인용 창고 등이 있으면 어떨까? 그렇다고 서랍만 있어야 하는가? 책상과 의자의 혁신이 필요하다.

＊컨셉요소(안)＝학습, 사무＋공간효율성, 기능성(＋개인만의 복합공간)

영화관＝여가장소→즐거운 공간

이제 고객의 욕구는 한 가지로 만족하는 것보다 여러 가지를 통해 만족도를 높이는 쪽으로 선호도가 높아지고 있다. 특히 여가장소에 가면 더욱 그렇다. 영화를 보기 위해 기다리는 것은 따분하다. 고객층에 따라 게임을 하든지, 아니면 찻집에 가서 대화를 하거나 음식을 먹든지 한다. 영화관이 새로운 라이프스타일을 창출하는 곳으로 변하고 있다. 무엇을 강조해야 사람들이 영화관에 많이 올까? 무엇보다 아직은 영화 프로가 좋은 것이 있어야 한다. 그 다음이 여가활용이다. 따라서 대형화가 되고 있는 영화관의 활용도를 높이기 위해 주요기능이 영화보다 즐거운 놀이공간으로 변화될 수도 있다.

*컨셉요소(안)＝영화보는 곳＋여가생활을 즐기는 곳(＋즐거움을 주는 곳)

주택

집＝최고의 인생을 찾는 곳, 가족이나 친구와 교감할 수 있는 공간, 가족에 대한 향수. 안전함과 편안함. 자기만족의 추구와 관계된 공간.

편안함＋따뜻함＋친밀감＋안정감

거실

컨셉: 일상 속 모험을 위한 공간.

타인과 교감의 공간, 일상탈출, 모험, 새로운 배움을 얻는 자아발견의 공간.

가족공동의 편안함→가족구성원의 직접 체험공간으로 변화(극장체험, 인터넷 가상여행)

홈시어터, PC의 이용: 모험, 배움, 경험을 갖고 싶어하는 욕구(여행수요의 증가도 같은 현상)

홈시어터＋PC＝엔터테인먼트용.

04 : 컨셉개발의 필요충분조건

컨셉은 여러 가지 상황에 따라 달리 나타날 수 있으나, 표현되고 자 하는 해당객체에 따라 다르게 나타난다. 즉 제품, 점포, 광고, 패션, 상황 등에 따라 표현내용과 구성이 달라질 수 있다.

컨셉개발담당자는 어떤 능력을 갖추어야 하는가

- 상황컨셉: 최근의 트렌드나 유행성향 등 고객의 현실감을 가장 많이 알아야 한다.
  - 개념: 현 상황을 이용하여 매력적인 이미지나 분위기를 잡아내는 것. 화보 나 동영상 등에서 가장 상업적 · 매력적 · 인상적인 상황을 표현하는 방향.

-표현방향: '섹시'한, '공주'처럼, '인형'같은, '도발'적인, '순수'한 등의 이미지 연출방향.

-주요 검토영역: 현실적 상황.

-검토사항: 해당시기의 트렌드, 사회 분위기, 주 고객의 욕구, 해당제품 및 서비스의 특징.

-연출방법: 제품 및 서비스의 실제 느낌, 모델선정(사람, 제품 등), 주변 분위기 조성.

• 제품컨셉: 고객의 구매성향, 속성의 변화방향, 유행에 민감.

-개념: 제품의 속성을 가장 매력적·미래지향적·혁신적 등의 차별적 이미지로 표현하는 것.

-표현방향: 첨단적, 도시적, 날렵한.

-주요 검토영역: 현실적, 실천적.

-검토사항: 해당제품의 특징, 주 고객의 반응.

-주요 전략방향: 가격 대 가치, 제품의 감성적 이미지 대 이성적 이미지, 주요기능의 만족도 대 불편도.

• 점포컨셉: 최근의 트렌드, 성향 등 고객의 현실감 파악.

-개념: 고객이 매력을 느낄 수 있도록 점포의 이미지를 갖추는 방향.

-표현방향: 아늑한, 깨끗한, 시골풍, 편안, 자유, 포근.

-주요 검토영역: 실천적, 이상적.

-검토사항: 주요제품 및 서비스의 특징. 최근의 점포 분위기 추세, 고객의 욕구, 제공서비스의 특징.

-공통욕구: 깨끗, 자유, 포근.

- 광고컨셉: 고객의 구매성향, 속성의 변화방향, 유행에 민감. 해당 회사의 실제 능력도 확인.

    - 개념: 고객의 관심, 구매의욕, 기억 등을 높이기 위해 표현되는 이미지.

    - 표현방향: 미래지향, 재미, 첨단, 유머, 순수, 이익, 가치.

    - 주요 검토영역: 현실적, 이상적.

    - 검토사항: 주 고객의 불만사항과 미충족욕구, 해당제품 및 서비스의 특징, 주요트렌드, 사회 분위기.

    - 주요전략: 이미지 선도, 잠재욕구 자극, 차별적 우위 인식, 내용구성, 전달 방법, 감성특징 대 이성특징, 첨단 대 옛날 분위기, 가치구조(기술과 감각).

- 패션컨셉: 최근의 트렌드, 성향 등 고객의 현실감 및 구매특성을 가장 많이 알아야 한다.

    - 개념: 고객의 구매유혹과 구매결정을 위해 표현되는 이미지. 현장에서 직접 구매가 이루어지므로 가장 현실적이고 유혹적인 컨셉이 필요.

    - 표현방향: 에스닉, 현대적, 고전적, 도발적, 히피적, 밀리터리.

    - 주요 검토영역: 현실적, 실천적, 이상적.

    - 검토사항: 주요트렌드와 주 고객의 욕구, 이미지 추세의 변화, 잠재욕구와 미충족욕구, 패턴과 제조동향.

    - 주요전략: 이미지 선도, 잠재욕구 자극, 차별적 우위 인식, 가치구조(기술과 감각).

상황과 제품컨셉은 현재 제품이나 분위기를 중심으로 표현하는 것이고 점포 및 광고는 무형을 유형화하는 것이다. 여기서는 상황과 제품 그리고 점포컨셉에 대한 내용을 다루겠다.

각 분야별 컨셉정립 방법

상황컨셉

상황컨셉(예)

A

자료원: kr.msn.com

A는 모델의 다양한 이미지를 나타내고 있는데 주로 귀여우면서도 반항적인 이미지를 표현하고 있다. 청순한 이미지의 모델에 반항적이며 섹시한 이미지를 부가하기 위해 머리, 의상 등을 새롭게 연출했으며 표정은 해당 이미지를 더욱 강화시키고 있다.

B의 경우 어느 사진이 가장 섹시하게 보일까? 또 현대적이면서 세련된 이미지를 나타낸 것은 어떤 것인가? 모델은 여러 가지 상황을 연출함으로써 새롭고 독특한 이미지를 표현하고 있는데 각각의 사진이 쓰이는 용도는 달라질 수 있다.

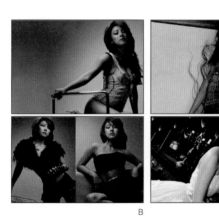

B　　　　　　　　　C

C의 경우 어느 사진이 더 섹시한가? 아래보다 위의 사진이 더 섹시하게 보인다. 옷을 벗어야 섹시하다는 것은 낡은 사고방식이며 신체 노출이 심한 아래 사진은 오히려 청순한 이미지를 더 강하게 나타내고 있다.

위와 같이 상황 컨셉은 특정한 이미지를 표현하기 위해 즉석에서 연출되는 것이므로 컨셉개발자의 즉흥적인 표현력과 이미지 조화 능력이 매우 중요하다. 즉 직관을 위한 경험과 순발력이 필요한 것이다.

제품컨셉

고객의 마음을 이끄는 데 어떤 것이 가장 효과가 있을까? 이를 위한 기본행동은 명확한 컨셉을 정립하는 것이다. 제품컨셉! 과연 어떻게 하면 고객을 빨리 감동시키고 제품을 오래 사용하도록 할 수 있을까?

제품과 서비스의 품질 및 효익이 고객의 이해를 돕고 끌리도록 하는 것을 제품컨셉이라 한다. 따라서 제품컨셉의 개발은 매우 중요한 방법으로 대두되었다. 좋은 제품은 기능적 측면뿐 아니라 감성적 흥분을 일으킨다. 즉, '갖고 싶다' 라는 말이 나와야 한다. 그 예로 BMW의 미니, 크리스피도넛, 프라다폰 등을 들 수 있다.

제품컨셉의 개요

제품컨셉 개발 시 필요한 사항에 대한 이해

- 제품속성(Product Attribute): 제품의 기본특성. 색상·디자인·기능 등.
- 제품 및 서비스＝감성가치 제공.
  - 제1의 제품 및 서비스: 해당상품 품질이 경쟁.
  - 제2의 제품 및 서비스: 품질＋기능＋가격이 경쟁력.
  - 제3의 제품 및 서비스: 보유의 즐거움, 사용의 만족감이 경쟁력.
- 제품컨셉(Product Concept): 제품특성 중에서 고객에게 가장 설득력이 있는 것. 경제적, 안전, 고소한 등.
- 크리에이티브 컨셉(Creative Concept): 컨셉을 전달하는 표현내용.

- 포지셔닝(Positioning) : 실제 고객이 느끼고 있는 사항.

  예) 에이스침대의 제품컨셉: 과학적인 침대.

    크리에이티브 컨셉: 침대는 가구가 아니고 과학이다.

    에이스의 포지셔닝: 침대전문회사의 과학적인 침대.

    가구와 잘 어울리는 가구 같은 침대→침대전문회사의 과학적인 침대. 침
    대전문회사가 가구회사의 침대와 구별되는 것을 소비자에게 인식시킨다.

사례: 신 란제리개발

시장조사 결과

- 고객욕구와 습관: 여성들은 새로운 것을 찾는 경향이 있다.

  -여성들은 자신이 입는 브라만 계속 찾는 경향이 있다.

  -여성고객의 브랜드 충성도가 가장 높은 품목이 브라이다.

- 시장조사 결과: 기능속옷과 디자이너 속옷 외 마땅한 제품이 없다.

  -몸에 잘 맞고 착용감이 편한 브라를 발견하면 계속해서 찾는다.

  -재고가 없으면 기다려서라도 해당 브랜드만 구입하는 경향이 있다.

  -속옷은 필요한 것이지만 란제리는 원하는 것이다.

  -일상속옷으로서의 란제리와 특별한 날의 란제리 사이의 벽을 없애지 못했다.

- 경영자 의견: 기본만족보다 희망과 기대를 충족시키는 사업을 하
  고 싶다. 뛰어난 브랜드는 브랜드 컨셉이 우수할 뿐 아니라 실제
  적용에서도 앞서 있기 때문에 브랜드의 약속을 실현시켜 준다.

개발컨셉(방향)

- 방향검토: 지금 사람들이 이야기하는 섹시함은 무엇인가.

  -섹시함: 브리트니스피어스풍? 샤론스톤풍?

-섹시: 매우 중요한 감성적 요소다.

-섹시: 새롭고 독특한 패션.

• 기본방향(개발컨셉): 지금 란제리의 미래를 느낀다. 우리는 그 누구도 상상하지 못하는 것을 만든다.

-슬로건: 환상적인 아름다움의 란제리, 부드럽고 섹시하다. 아름다운 곡선만 보인다. 쓰지 않으면 쇠퇴한다. 또는 약해진다. 마음의 근육을 이완시키라. 스트레칭을 하라.

• 컨셉개발

-목표: 대중을 겨냥한 고급제품 개발.

감정적 욕구충족: 여성에게 자신감 부여＋스스로 잘 가꾸는 사람이라는 느낌을 제공.

-제품컨셉: 섹시하고 편안하며 실용적이어서 매일 입는 란제리를 만드는 것.

제품특징

기존제품 특성	패셔너블하다. 그러나 기능적이고 기술적인 측면은 상대적으로 떨어진다
신 제품	기술적-부드럽고 봉제선이 없다 기능적-입기 편하고 입으면 옷맵시를 살려주는 실루엣을 얻을 수 있다

-점포컨셉: 한 단계 업그레이드된 란제리쇼핑 경험을 제공한다(친밀하고 아늑하며 여성취향의 고급스러운 분위기를 제공). →아름다운 란제리를 로맨틱하고 편안한 점포에서 큰 부담 없는 가격에 구입할 수 있다. 색상과 시각적 디스플레이＋여성취향이 반영된 편안한 공간에서 쇼핑몰입＋색다른 쇼핑경험 제공.

• 결과

-기존가격 인하, 수요정체, 경쟁이 치열한 상황에서 이를 탈피할 수 있는 신

제품을 개발하여 고가지만 최고의 판매량을 달성하였다.

-란제리의 미래를 보여주었다.

-브랜드관리를 하여 업그레이드 상품도 계속 출시를 하였고, 부가상품(향수 등)도 출시를 하여 매출을 다양화였다.

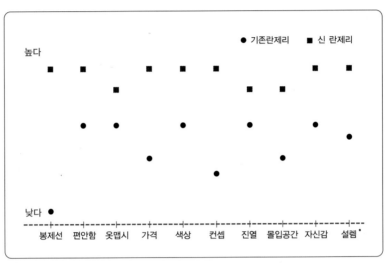

＊설렘: 색다른 쇼핑경험

제품컨셉의 변화

제품컨셉은 시대와 상황에 따라서 변해야 한다. 너무 당연한 말이 될 수 있으나 시장상황에 적합하고 정확한 때에 변경이 안 되면 제품이 진부해질 수 있다. 따라서 컨셉담당자는 이에 대한 변화에 관심을 놓으면 안 된다.

나이키의 초창기 사업은 농구화의 제조·판매였는데 그 다음에는 여러 가지 운동화를 판매하게 되었다. 그 다음, 운동화를 팔 때 운동복과 운동관련 잡화를 판매하게 되었다. 따라서 나이키 점포에 가면 운동과 관련된 대부분의 제품을 구입할 수 있었다.

그 후 일반운동과는 다른 방식으로, 고객층이 다른 골프사업을 검토하여 유명한 골프선수를 내세워 골프화를 출시하였고(신발에 가장 강점을 보유하고 있으므로) 최근에는 아예 해당모델을 브랜드로 한 골프제품류를 출시하였으며 이제는 골프운동류 전체(골프운동복＋골프공＋골프채)를 출시하고 있다.

즉, 농구화 판매→운동복 판매→운동관련 잡화 판매→골프화 출시→의류라인 출시→골프공 판매→골프채 출시 등으로 사업방식이 변해왔다.

특히 새로 시장에 진입한 신규회사나 작은 매출액이지만 판매액을 증대시키는 회사의 제품이 있으면 해당회사나 제품의 사업방식, 제품특징 등을 면밀히 분석하여 자사와 어떻게 다른 것이 있는지를 꼼꼼히 따져보아야 한다. 지금까지 간과하였거나 또는 생각하지 않았던 사항까지 검토를 해야 하고 만약 다른 사항들이 나타나면 이것이 해당사업이나 제품판매에 얼마나 영향을 미치는가를 확인해보고 차별화된 컨셉을 준비해야 한다.

대부분의 제품 및 서비스의 컨셉은 변화상황에 적합한 메시지를 전달하는 내용에 따라 발전하여 나타나는 경우가 많다.

제품컨셉에 대한 생각

• 두 케이크를 통해 느끼는 것

케이크도 이제는 눈으로 먼저 먹는다. 그리고 실제로 먹으려면 아깝다.

위 두 가지 제품의 카피는 어떻게 쓸까? '애완견을 키우세요, 아이 신발을 준비하세요.'

무엇을 먼저 먹을까? 어떤 것이 더 비쌀까? 맛은 곰인형이 맛있겠지. 그래도 먹는 맛은 신발케이크가 더 좋을걸. 그런데 둘 다 먹을 수가 없다.

이제는 입으로만 먹는 것이 아니라 눈으로도 먹는다. 맛보다 눈을 중심으로 한 컨셉개발도 좋을 것이다.

• 두 가지 이동차량이 주는 이미지

같은 차량이더라도 전혀 관련이 없다.

차량이지만 너무 다르다. '그래도 눈썰매를 타는 것이 더 정취가 있을 거야. 그러나 사고가 나면 더 많이 다칠걸.'

여러분은 어떤 것을 먼저 타고 싶은가? 그런데 둘 다 타고 싶다. 차량이면 달린다. 그러나 고객은 자기에게 더 기분을 향상시키는 것을 선택한다.

또 하나, 현실적이어야 한다. 컨셉은 기분을 좋게 하지만 현실적이어야 고객이 실망하지 않는다.

• 어떤 빵이 더 맛있을까?

맛보다 이미지를 먹는 시대다.

왼쪽은 빵의 보드라움과 먹음직스러움을 제대로 표현하고 있다. 오른쪽 빵은 빵이 가장 맛있는 온도를 가르쳐주고 있다.

둘 중에 여러분은 어떤 빵이 맛이 있다고 생각하는가?

빵은 따뜻할 때 먹어야 더 맛이 있다. 같은 시각에 생산된 빵이라도 그 이미지는 표현하기에 따라 다른 것이다.

포지셔닝 분석

• 제품 포지셔닝: 제품속성지표를 선정할 때는 많은 속성들 중에서 소비자들이 제품을 구매할 때 중요하게 여기는 속성(과자에서 맛은 달든지 짭짤하다. 감촉은 부드럽든지 딱딱하다 등)을 충분히 확인한 후

신중히 선정해야 한다.

아래 내용에서 신제품, 장수제품, 시장열위제품 등으로 구분하여 검토를 해보면 현재 선호추세, 추가되어야 할 상품, 기존상품 중 보관사항 등이 확인된다. 그렇게 시장우위 요소를 꾸준히 파악해서 시장선도를 이끌어야 한다. 이때 변화된 제품 및 서비스가 출시되기 위해서는 보다 호소력이 있고 친근감 있는 컨셉이 필요하다. 그리고 그것을 예측할 수 있다.

• 제품속성 분석

과자: 달콤→바삭→포만감이 있다(맛동산).

　　　　　　　포만감이 적다(감자깡, 고구마깡).

　　　　　　대용식이다.

　　　　부드럽다→포만감이 있다(쿠크다스).

　　　　　　　포만감이 적다.

　　　　　　대용식이다(초코파이, 후레쉬베리, 더블베리, 카스타드).

　　　고소→바삭하다→포만감이 있다(크래커).

　　　　　　　포만감이 적다.

　　　　　　대용식이다.

　　　부드럽다→포만감이 있다.

　　　　　　포만감이 적다.

　　　　　　대용식이다.

　　　약간 짭짤→바삭→포만감이 있다.

　　　　　　　포만감이 적다(새우깡).

대용식이다.

부드럽다→포만감이 있다.

포만감이 적다.

대용식이다.

담백→바삭→포만감이 있다(참크래커).

포만감이 적다.

대용식이다.

부드럽다→포만감이 있다.

포만감이 적다.

대용식이다.

• 제품포지셔닝 맵-과자(예)

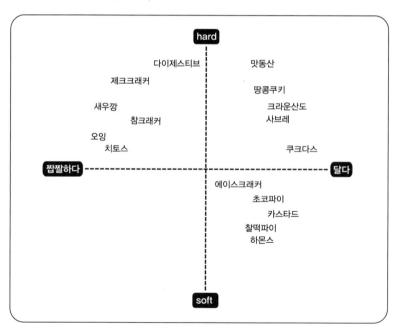

• 가치포지셔닝: 제품 및 서비스가 기본적으로 갖추어야 하는 것이 제품포지셔닝이다. 제품 및 서비스의 조건과 특징이 비슷하다는 생각으로, 이제는 다른 요인이 구매를 촉진하는 경우가 많다. 이 것을 제품의 부가적인 특징이라 하는데 고객이 필요로 하는 가치를 달리 나타내는 것이다. 예를 들면 먹기가 편리하다든가 맛이 좋다든가 등을 말할 수 있다.

따라서 이제는 가치포지셔닝이 시장경쟁력을 좌우할 수 있다.

• 가치포지셔닝-과자(예)

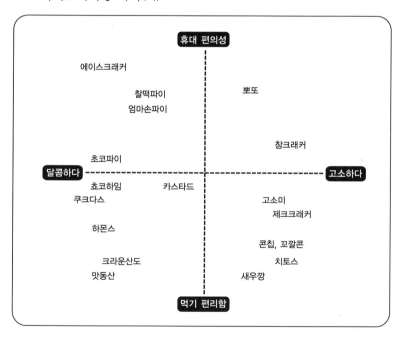

점포컨셉

점포컨셉 정립의 방향

점포는 많은 변화를 하고 있고 앞으로도 진화를 계속할 것이다. 최근의 동향에 비추어보면 더욱 고급스럽고 개인의 욕구에 적합한 점포와, 품질은 좋으면서 상대적으로 가격이 저렴한(싸구려를 파는 곳도 아니고 싸게 파는 점포가 아니다) 구매패턴에 맞추는 점포로 세분화가 될 것 같다.

아래 표에 변화상황을 유추해보았다. 새로운 개념의 점포 공통점을 보면 분위기는 우아하고 깨끗한 것이 기본이며 종업원은 친절하고 전문성을 갖추어야 한다.

전문성이란 일의 수준 차이는 있겠지만 자기의 업무지식을 확실히 갖춰야 한다는 것이다. 그러나 차이는 제공하는 제품과 서비스(고급점포인 경우 피부관리와 개별이력 관리)의 가격 차이, 고객의 권위를 갖추게 하는 대우나 친절도 등이다.

시장변화 추세를 좀더 빨리 확인하려면 유기농브랜드샵, 신제품의 변화추세, 고객층의 확대와 변화에 대한 정보를 유심히 검토해보아야 한다. 최근의 신 전문점에서 고객의 변화는 좋은 사례다.

브랜드샵별로 주 고객층을 보면 미샤와 스킨푸드 및 뷰티크레딧은 20~30대, 더페이스샵은 10대에서 50대 등 다양한 연령층이, 휴플레이스는 30~40대, 에뛰드는 10~20대가 많아 브랜드샵별로 주 고객연령층이 점차 구분되고 있는 점이 눈에 띄었다. (자료원: 〈데일리코스메틱〉)

화장품 점포컨셉의 변화와 필요사항

	화장품전문점	일반전문점	신 전문점*	신 개념 1	신 개념 2
목표	이미지 제고	매출증대	신 시장구축	신 욕구대응	니치시장 구축
대상	고가소득자	일반소비자	신 욕구흡수	신세대	뉴 리치그룹
컨셉	깨끗+친절+상담	화장품 창고	깨끗+친근	사교+피부	피부+나의 만족공간
이미지	고급 깨끗	평범 보통	평범 깨끗	고급 깨끗	최고급 깨끗
분위기	우아 여유 조용	단순 급하다 소란	단순 여유 보통	우아 여유 보통	우아 여유 조용
응대	친절 세심	바쁘다 매뉴얼스타일	친절 보통	친절 세심	친절(사전응대) 세심
용모	단정 전문성	통일성 획일적	단정 획일적	개성 전문성	개성/단정 전문성
가치	품격 만족	실용적 보통	실용적 만족	실용적 만족	사치성 만족
가격	고가	저렴	저렴	저렴	고가
제품	필수	다양	필수/단순	전문/다양	더욱 전문/단순
서비스	상담	정보제공	배려	그룹관리	개별관리**
판매력	브랜드	가격	실용성	대우	권위
제도	제품지식	리베이트	상담능력	피부테스트	피부이력

*신 전문점: 미샤, 더페이스샵 같은 점포
 신규 1의 개념: 보다 대우를 받으며 가격은 저렴하다
 신규 2의 개념: 보다 높은 대우와 응대로 고가를 지향한다
**개별관리: 개인별 피부이력 관리 실시

새로운 컨셉점포(예)

	빨래방	할인점	할인 빵집
방향(정의)	기분 좋은 기다림	소비자 꿈의 실현지원	실용적인 생활지원
컨셉	특별한 대접을 받는다	프리미엄제품 판매	보다 저렴한 빵 제공
사업내용	필요한 빨래방	고급시장 진출	저렴한 빵 판매

전략	안락한 소파 +인터넷서핑+커피 +도서 고민상담/주제에 대한 대화/친절	깨끗한 점포 제품의 체계적 구성	제품 수: 300가지 →80~100가지 인건비 비중: 35~50% →20~25%. 재고율: 10~15%→2% 할인율: 약 30%
기타		여성 이용이 더 편리	고객이 직접 포장

최근의 점포컨셉

다음 사진은 어떤 음식을 파는 레스토랑인가?

특정 전문음식을 판매하는 것을 점포입구를 보고 판단하는 것이 점점 어려워지고 있다. 그래서 꼭 입구에 메뉴판을 설치하여 고객을 유인하고 있다.

겉으로 업종확인이 안 되는 점포

제과점

의류점

음식점

의류점

생활용품점

베이커리점

　위의 점포들이 무엇을 파는 곳인지 점포 외부만 봐서는 알 수가 없다. 일본에서 재개발사업으로 올해 개점한 쇼핑몰의 점포를 보면 이제는 업종중심이 아니라 점포의 이미지중심으로 변하고 있다. 이것은 점포컨셉 개발이 점점 어려워지는 것인지 아니면 더욱 쉬워지는 것인지 컨셉담당자를 어렵게 한다.

• 참고자료 •

LG경제연구원의 자료들

월간 〈디자인〉

blog.naver.com/mozartdm/130020039955

blog.naver.com/umma0818/60038167423

blog.naver.com/umma0818/60038167232

blog.naver.com/umma0818/60038166706

blog.naver.com/eg1616/150012857303

www.Clubmed.com

www.whotel.com

레드닷뉴스 http://blog.naver.com/thethe77/10006419169